LAUNCH 首发

首发 01：科学品牌

场景实验室 主编

中信出版集团 | 北京

图书在版编目（CIP）数据

科学品牌 / 场景实验室主编. --北京 : 中信出版社, 2021.4
（首发 ; 01）
ISBN 978-7-5217-2915-3

Ⅰ. ①科… Ⅱ. ①场… Ⅲ. ①品牌战略 Ⅳ. ①F273.2

中国版本图书馆CIP数据核字(2021)第042654号

科学品牌（首发：01）

主　　编：场景实验室
出版发行：中信出版集团股份有限公司
（北京市朝阳区惠新东街甲4号富盛大厦2座 邮编 100029）
承 印 者：北京利丰雅高长城印刷有限公司

开　　本：787mm×1092mm　1/16　　印　　张：9.5　　字　　数：120千字
版　　次：2021年04月第1版　　印　　次：2021年04月第1次印刷
书　　号：ISBN 978-7-5217-2915-3
定　　价：69.00元

图书策划：小满工作室
总 策 划：卢自强　　策划编辑：丁斯瑜　　责任编辑：董婧
营销编辑：任俊颖　　整体设计：青山在视觉

服务热线：400-600-8099
投稿邮箱：author@citicpub.com

目录 CONTENTS

体验 想象

首发寄语

一本书的首发，开启一次对话；
一部手机的首发，记录参数之外的生活；
一辆汽车的首发，扩展个人与家庭的半径；
一个商业模式的首发，带来新的价值革命；
“LAUNCH 首发”诞生在这样的背景中。

人工智能会在何种应用场景破局；
怎样理解无人驾驶的平台责任；
DTC①是效率还是社群价值；
对数据安全与隐私保护的重视开始；
直播商业是不是供应链的竞争；
艺术和审美会不会成为人在数字时代最后的栖居地……

我们试图在商业认知层面，给出新的定义：
特斯拉是能源公司；
亚马逊是内容平台；
美团点评是社会基础设施；
小程序是场景互联网引擎；
苹果是数据服务生态。

①DTC：Direct To Consumer，直接面对用户的品牌建立方式。

E X P L O R E

I M A G I N E

我们试图在观念方法层面，讨论新的现实：
可持续从承诺到最佳实践；
企业对用户越来越忠诚；
算法价值观成为核心竞争力；
材料自由的背后是新生态规则；
协议与架构隐喻新的全球化；
数字基建长出数字文明。

困惑于新成为日常，
如同面对人机共生的进化，只有拥抱，才会不惘。

体验，想象。
永远有堆叠的场景，却要有耐心体验发现。
希望长出新的物种，却必须承认永续更难。
数据流动，渗透一个又一个具体的问题。
表达迅速，只是努力让未来多一重想象。

自由是最好的发布，
没有界限，观念汹涌。
首发：从不，很少，有时，总是。
从不重复，很少迟疑，
有时思考，总是深入。

“首发”溯源：在数字时代的春天留有姓名

LAUNCH: Incubate in the Prosperous Season of Digital Era

文／王若师

从谷歌到三星再到微软，以及亚马逊、Facebook(脸谱网)、特斯拉、小米、华为……所有的主要玩家都在这个语境之中，虽然彼此风格可能有所不同，但唯一关键的，是在数字革命的每一次更新中都留有姓名。

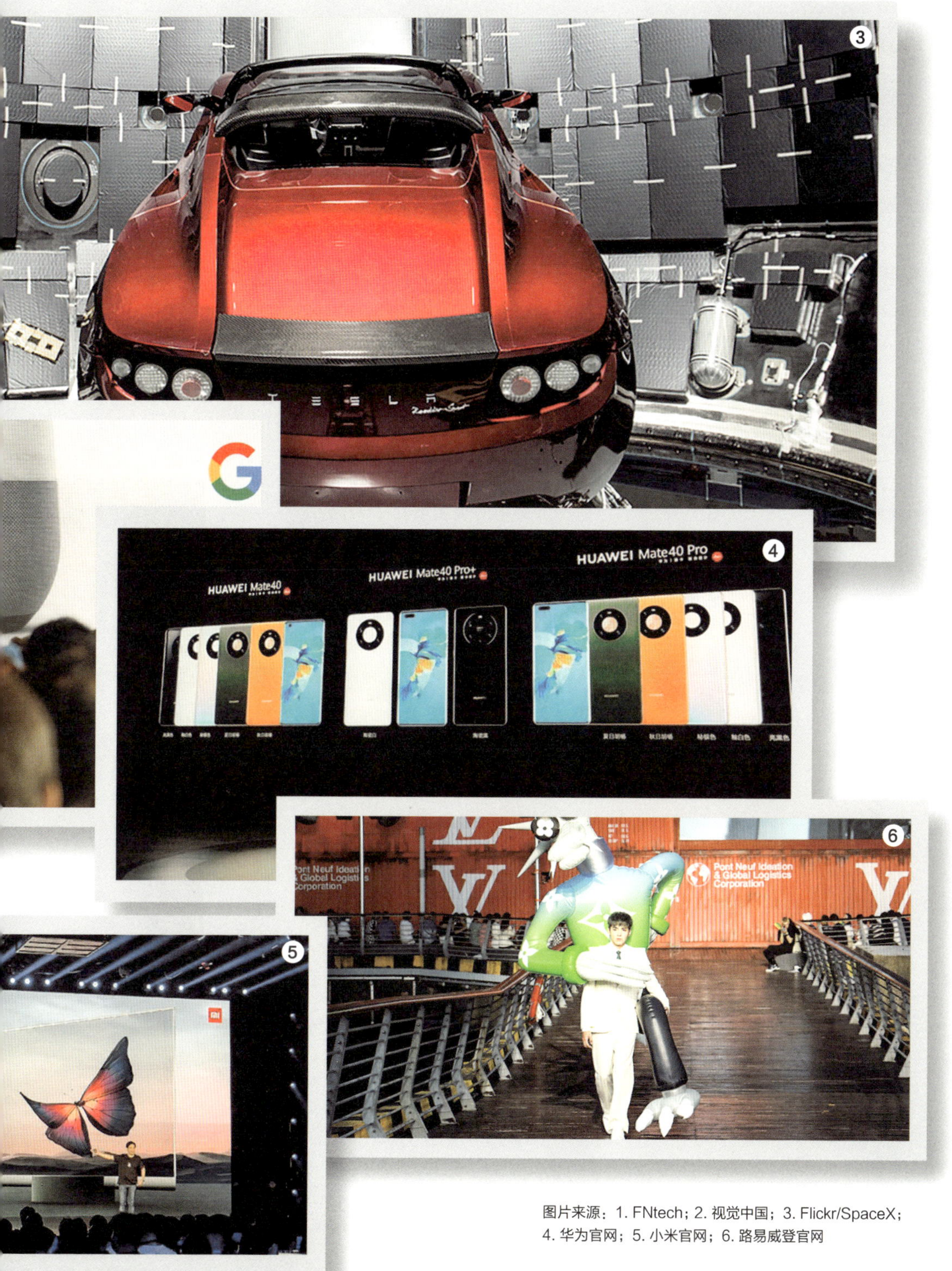

图片来源：1. FNtech；2. 视觉中国；3. Flickr/SpaceX；
4. 华为官网；5. 小米官网；6. 路易威登官网

“首发”是数字时代的语境

我们逐渐开始以所喜爱品牌的新品发布会作为日期的某种暗号：如果你是“米粉”，也许提前很久就开始期待“小米 10”的线上发布会；而对于忠实的“果粉”来说，每年的 3 月、6 月和 9 月是与众不同的日子。

大型科技公司每年节日惯例般的 2~3 次新品发布会，层出不穷的车展、消费电子展，甚至还可以算上纽约、伦敦、巴黎、米兰每年两次的时装周……日历早已被各种大大小小的新品发布充斥填满。

我们今天所熟悉的新品发布会形式来自史蒂夫·乔布斯创造的流派——“新品发布个人演讲”。2007 年，当他独自一人在舞台上，穿着“极客”们的非正式“制服”，在技术爱好者面前推出 iPhone 3G 的时候，一种新的语境开始出现。

在这场著名发布会的开始，乔布斯说：“每隔一段时间，就会出现革命性的产品，改变一切。”他的例子包括苹果公司历史上的几个关键时刻：Mac 在 1984 年重塑了“整个计算机产业”，iPod 在 2001 年改变了“整个音乐产业”，iPhone 则即将“重塑手机”。

乔布斯为新品发布设立了一种基准：兴奋与悬念，以及令人沉浸到底的内容。今天，从谷歌到三星再到微软，以及亚马逊、Facebook（脸谱网）、特斯拉、小米、华为……所有的主要玩家都在这个语境之中，虽然彼此风格可能有所不同，但唯一关键的，是在数字革命的每一次更新中留有姓名。

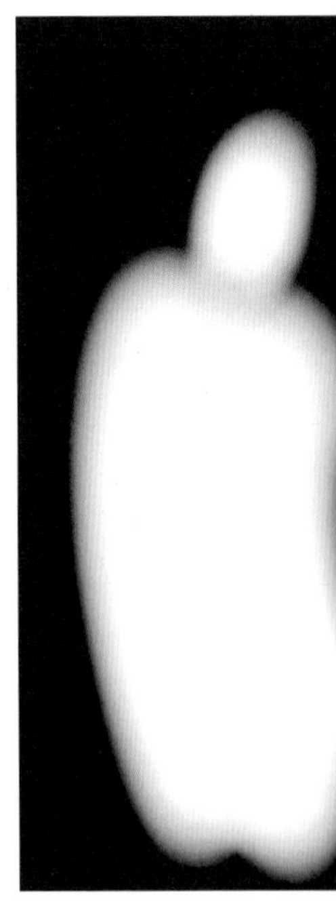

我的任务不是取悦人们，我的任务是让人们变得更好。 —— 史蒂夫·乔布斯

My jobs is not to be easy on people. My job is to make them better. — Steve Jobs

图片来源：视觉中国

"芝加哥向纽约致意。""纽约向芝加哥回敬致意，并祝各位本周一切顺利。"

"The city of Chicago greets the city of New York."

"The city of New York returns the compliment and wishes you all success in the you are to have this week."

资料来源：https://chicagology.com

MR. EGLESTON. PRES. JOHN E. HUDSON. COL. FINLEY ANDERSON
RALPH W. POPE. VICE-PRES EDWIN J. HALL. ASST. GEN. MGR. MEANY.
LOUIS CASSIER. SPECIAL AGENT W. A. HOVEY.
ST. CLAIR M'KELWAY. PROF. ALEXANDER GRAHAM BELL.

► 被誉为"电话之父"的亚历山大·格雷厄姆·贝尔，用自己发明的电话机从纽约往芝加哥打电话。

“首发”是技术革命的狭义表达

尽管某些被定位在数字时代光环中心的大型科技公司造就了“首发”的语境，但通过一场公共活动来发布科技新品本身并不是硅谷的原创。如果我们试着去追溯历史，会发现第一场真正意义上的“新品发布会”远比大多数人想象的要早很多。

1892 年 10 月 18 日，亚历山大·格雷厄姆·贝尔在美国国会图书馆组织了一场活动，以一个简单至极的仪式，宣告从纽约到芝加哥的长途电话线的开通。这场只有 60 个人出席的活动，与今天动辄几百万人在线观看的新品手机发布会在本质上并无二致：充满仪式感的产品亮相，令人激动的话语，以及各大媒体记者的翘首以待。

至少可以说，从第二次工业革命开始，新品发布会就是技术革命的狭义表达，过去的每一次“首发”塑造了我们今天的生活。

技术进步给人类带来新的未来愿景，而每一次“首发”都是这种愿景的一次预兆与回应。这是一个强大的信念，无数个新产品的叠加带来了我们正在经历的数字革命。因此，我们就能理解“首发”之于这个时代的意义：“首发”实际上并不是发布新品，而是一次又一次传递和坚定关于未来的信念。

对于品牌而言，每一次的首发事件，都是为了保持其在这场数字革命中的地位——不仅需要不断的技术产品更新，还需要不断培育用户赖以生存的信念。归根结底，品牌的伟大，诉诸理想也诉诸情感：每个品牌都竭尽所能，证明自己是技术进步的主角，并期待成为数字革命的英雄。

数字化进程一向承载着双向沟通的承诺，当我们期待着每一场新品的发布、关注着每一次新观念的表达，每个新鲜变化的点滴都将我们——每一个微不足道又至关重要的个体，裹挟进数字革命的洪流之中。每一次自发的“评测”和“开箱”，都是“首发”带来的真实涟漪；而你的每一次“点击”“收藏”“留言”“弹幕”，也都在时代的寸进之中留下注脚。也许看起来微不足道，却汇沙成塔，涓滴成河。

纷至沓来的各种“首发”是时代的表象，暗潮汹涌，向未来而袭。

EXPI

体验

LORE

观念文章：科学品牌

科学以其独有的运作方式解答事物的逻辑和真相，为万事万物提供了解释，也负责阐明我们的道德判断力与审美感受力。这里我们所讨论的“科学”，并非象牙塔中的科学研究，也并非种种令人眼花缭乱的新技术产品，而是一种价值观层面的认知和态度。

科学以它给人类带来的财富和给社会带来的巨大进步而令人尊敬。尽管“科学主义”本身是一个颇有争议的概念——曾经凡是被称为科学的东西，没有人会怀疑它的正确性和真理性，但如今人们也早已认识到科学并非万灵药，那种把自然科学方法推向所有领域的做法是行不通的。当然，我们这里谈论“科学”，并非试图深入科学哲学，而更多地是在强调一种认知路径和态度本身：坚持最高的逻辑标准、实证精神和道德准则，以及对技术和未来可能性的拥抱。

从笛卡尔开始，“理性主义”表达了一种人类行为应该由理性所支配的观点，但理性个体真正的问题在于，我们的偏爱和决策通常不是个体思考的结果，而是不可避免地受到环境信息的影响。进入数字时代，我们看似拥有了更广泛客观的信息来源，但实际上，个人数据被泛滥使用让我们真正陷入了信息的“茧房”，每一条“无意间”进入你视线的碎片信息，都在影响你做出的重要决策。

而当移动操作系统禁止用户查看手机的系统文件，当汽车禁止车主获取维护数据……如物理学家尼尔·格森菲尔德所说，所有这些“技术黑箱”都只会让易做的事情更加容易，让难做的事情更加困难。在这个新的时代里，我们应该努力寻求每一个机会，去揭示科学和技术背后的工作原理，而不是一味地隐藏，只追求技术的结果而忽略过程，这会使我们越来越远离“技术分权”的警示。

从第一台个人电脑 IBM5150 的技术参考手册成为行业标准开始，越来越多的技术性信息和内容可以通过产品本身来表达和传递。而当 iOS14 对用户数据权限的明示捅破了软件收集并滥用用户数据的窗户纸，越来越多的公司和品牌意识到，一部分用户越来越适应于被平台规划的生活，也有一部分用户正在变得越来越聪明、主动和理性。对于后一类消费者而言，过去的经验已经不再奏效，亟需新的品牌建设路径与商业范式。同时，数据已然成为公司资产最重要的部分，“不重视数据的公司没有未来”这一说法并非粗暴。根据“经济学人智库”的分析，有效使用数据的公司，其股价通常是同行的 2.5 倍。

我们认为，科学是一种最高层次的理性，我们所提出的“科学品牌”并不是指追求生产技术含量最高的产品，而是从品牌建设的角度而言，关注产品流程是否真实透明、对数字化的拥抱是否彻底，乃至是否坚持普世道德和价值观。我们将其总结为 3 个具体层面的表现：

❶ 理性营销：区别于感性营销，而以科学成分、可追溯、供应链透明等要素为基础的理性产品策略。随着消费的理性化趋势，许多区别于传统方式的产品策略诞生了。

❷ 数据定制：从空间企划到内容分发、产品方案，以可量化机制作为品牌的建立路径，完全基于用户和社交媒体数据，形成更高效率的反向定制能力。

❸ 实验民主观：以大型互联网公司为代表的组织机构，通过建立复杂的大规模实验体系，以对照数据结果作为企业的决策依据。坚持数据胜于意见，成为组织的实验民主价值观。

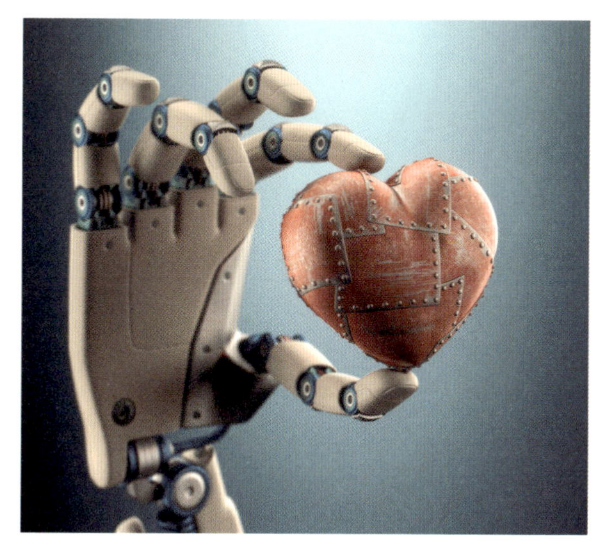

数字时代的技术主义与甚嚣尘上的消费主义之下，品牌被要求拥有新的使命。我们之所以强调“科学品牌”而非“技术品牌”，实际上是一种倾向性的表达——技术往往被认为是中性的，而科学不是（例如人们会因某事不合常理而形容其为“不科学”）。科学本身在人们的认知中带有倾向，代表开放的、逐步接近事物真相的思维方式。如同扩大科学的影响不仅是科学家的使命，科学的思维方式和价值观不仅适用于研究，也应该适用于商业乃至我们的生活。

Group Interview

How Do You Consider Scientific Brand?

你眼中的科学品牌

从大数据推送到个性化定制，从“成分党”到评测社群，无论是消费者对品牌的认识方式还是品牌自身的生长方式都越来越“科学”，但“科学”的概念还可以更加广阔和富有想象力。“科学品牌”的定义，也应该是一个开放式命题。为了解大家对这一命题的看法，我们面向创业者、媒体人以及各领域对此话题感兴趣的读者发起了一次群访，提出了以下 3 个问题：

❶ 如果让你定义“科学品牌”，哪些特征是“科学品牌”所需要具备的？

❷ 你觉得哪些品牌可以被称作“科学品牌”？

❸ 关于“科学品牌”你有什么最想知道的问题？

01

杜乐

医学博士、优时颜创始人

这让我想起了我在进医学院面试时，被问到的一个问题：怎么理解“医学既是科学也是艺术”，自那之后我就一直在想这个问题，现在我觉得科学代表着两种精神。首先，科学最核心的是严谨、务实、高度稳定的系统性思维和方法论。因此，一个科学品牌从运营和品牌管理的层面应当具备这些特点。经过这么多年的品牌理论的发展和演变，再加上现在投放效果和流量追溯的数字化工具的支持，一个系统性并且高效的品牌管理运营体系是运作一个成功品牌的重要因素。其次，科学同时代表的是对现有知识体系的反复论证以及对未来大胆的猜测和尝试。我相信品牌建设是一个动态的过程，需要时刻结合当代消费者的心理变化去做到共情，同时去揣测用户心理未来的迁移方向而去提前做好准备，并且时刻准备好拥抱新的科技来优化用户体验，因此一个科学品牌需要时刻做好探索和试错的准备。

简单来说，我认为可以被称作“科学品牌”的品牌需要系统性的增长和运营机制，并且在某些方面为用户的体验做出了根本性改变，这种改变不是体现在既有层面上的进步，而是找出了一个全新的路径来达到原有的目的。所以我认为现在围绕着我们的生活并且提供了完全超出于过去的便利性的品牌，都可以被称为“科学品牌”，譬如天猫、滴滴、美团等，这些都是从一个平台的角度改变了人们生活的品牌。在消费品中，也有这样的例子，譬如“三顿半”，通过将冻干这样的技术应用于速溶咖啡的生产，使得手冲咖啡的口感和传统速溶咖啡的便利性结合了起来。

02

张梁

知乎会员内容制作人

如果硬要说“科学品牌”具有哪些特质，那就是这个品牌可能会干点“不该干的事情”；不为跨界、“出圈”，也不为所谓的文化建设，可能仅仅出于好奇心。这个品牌可能会做一些和品牌毫不相干的事情和项目。简单地说，就是有一大块不那么商业的项目。这种品牌可能更关心员工的其他特质。譬如，任天堂在招聘员工的时候，更关心这个应聘者是不是有很多与“游戏”无关的兴趣爱好，甚至如果游戏对你来说过分重要，任天堂会觉得你永远不会成为他们的员工。

科学品牌做事情永远“从内出发”。许多品牌喜欢把“用户”挂在嘴边，吹嘘自己以用户为核心，满足一切用户最微小的需求。但当他们看到某个风口时又会忍不住张望，试图通过“服务”这批用户分一杯羹。科学品牌更应该“从内出发”。想清楚品牌能做什么、适合做什么、应该做什么，这比一味地满足市场更重要。所以，每个品牌需要清醒地意识到，“有些钱，你是赚不了的”。还有一个标准是关于公司员工的：如果有一天你从一个品牌离开，在别人眼里你依然是一个牛人，而不是无名之辈，那么你所在的公司就是一个科学品牌。

我眼中的科学品牌：Maison Margiela（梅森·马吉拉）、Kojima Productions（小岛工作室）、财新、好奇心日报。

03

马晓龙

星光奇迹
公司合伙人

关于品牌，我的理解比较偏向“定位”理论所讲的品牌诞生逻辑：品牌起源于品类分化，新的品类占据消费者心智，形成品牌认知。这套理论的核心是,在消费者的心智里品牌是以品类来识别的。过去几十年里，在传统媒体环境里的品牌营销打法，催生了很多现在所谓的“传统品牌”，也就是所谓占据消费者心智。到今天，我觉得最大的变化在于，消费者的心智被全方位逐步地数据化了，而不是过去营销人讲的无法被量化的“定位”。你的用户喜欢什么，喜欢程度有多少，在哪个场景、哪个渠道更容易下单，用户的同类细分人群具有什么样的特征，全部都可以用数据来量化，而不是一个感觉判断。所以，我认为我们讲的“科学品牌”，最重要的特征就是数据化，所有的线上线下互联网基础设施也足够支撑新的品牌在数据化的环境中生长。

我心目中的科学品牌：完美日记、WonderLab、王饱饱、橘朵、永璞咖啡、HFP（美颜家）、贝医生等等。（我觉得懂微信朋友圈广告投放的新消费品品牌都挺科学的，这些品牌懂数据。）

个人对科学品牌的认知，可能首先是停留在“科学”这两个字上，一个品牌可以被称为“科学”，意味着更专业、更垂直，以及更高浓度的科技含量。

按照这些维度去对照相应品牌，很容易联想到跟 3C 产品相关或是跟健康生活方式相关的品牌。譬如苹果手表、keep、代餐奶昔品牌，它们分别代表着更精准的身体健康指数监测、燃烧卡路里数据以及身体摄入热量标准。数据虽然可以造假，但在某种意义上数据也是人的参考坐标，人可根据数据随时做出相应调整。

05

杨亚飞

36 氪消费组分析师

消费行为正因多元化需求逐一释放变得愈发不可捉摸，表达更多喜、怒、哀、乐的情绪化消费主张。渠道分化、技术爆炸、场景重组，各个传统巨头的消费版图裂隙不断增多。我理解的“科学品牌”，需要具备两部分的能力，一是准确捕获一类情绪，打造出系列工业化产品；二是搭建消费情绪的可能演进模型，不只是服务消费情绪，也能早人一步看到这种情绪的未来。

06
王磊
绿骑士营地教育
首席执行官

科学就是发现各种规律。科学的精神是质疑、独立、唯一。而科学方法是逻辑化、定量化、实证化的方法。一个品牌如果被定位为“科学品牌”，以上的几点肯定是必需的。很多科学研究项目的直接目的就是造福于人类。但是科学的目的本身并不是造福于人类，是人类在商业公司里面利用科学成果创造的技术造福了人类。现在市面上充斥的针对青少年的“创客教育”、机器人教育，其中大部分的内容，我认为只是技术，并不是科学。一个人在技术层面学到了越多的东西，就越会感到科学的重要，就越需要科学思想的提升，否则只会成为一个卖弄技术的表演者。

从大的范畴来说，科学品牌应该承接的是科研成果到现实转化的重要的一环，因此我觉得太空探索技术公司（SpaceX）、星链、通用电气、雅马哈、贝尔实验室等品牌可以被称为科学品牌，因为他们完成了很多卓有成效的转化，把实验室里的科学成果转化为工业化的社会成果，造福于人类。我们日常使用的发动机、电力、无线通信，都是基于这些公司完成的至关重要的科学成果转化，而太空探索技术公司（SpaceX）等公司，又会在未来给我们带来很多科学品牌能够带来的变化。

07

汪冰洋

设计师、
绝妙驾驭联合创始人

对“科学品牌”概念的理解，至少应该包含以下两点：第一是有机地找到自己在行业链条中的价值定位；第二是有快速验证市场需求的方法和能力。

如果让我定义“科学品牌”需要具备的特征，我会认为是具备底层逻辑、架构模块、算法思维、工程操作的打造方法。人们熟知的埃隆·马斯克的太空探索技术公司（SpaceX），其实就可以被看作“科学品牌”的代表。关于“科学品牌”，我最想知道的是其从理念到落地的全过程如何实现。

09

摇钱树

自由职业者

如果让我来定义"科学品牌"，改变生活和便利生活会是其需要具备的特征。大疆、特斯拉、戴森都可以是"科学品牌"的代表。关于"科学品牌"，我想知道其如何连接生活与科学，并且改变生活。

10

高睿

空间设计师

如果让我来定义"科学品牌"，清晰简练的表达会是我看重的特征。诸如无印良品、苹果、喜茶、文和友，其品牌理念清晰简洁，产品亦如是。关于"科学品牌"，我更关心的是其如何被系统地构建出来。

11

宋丹

文化传媒公司总经理

如果让我来定义"科学品牌"，其将拥有以下几个特征：第一是经过数据分析；第二是经过目标用户定位；第三是经久不衰，有生命力；第四是有一定人文情怀，人格化，有社会使命感。作为民族荣耀的华为，代表人类进步的特斯拉，乃至奔驰，均是"科学品牌"的代表。关于"科学品牌"，我更关心的是如何设计"科学品牌"，并且让更多人了解"科学品牌"。

12

丁高军

餐饮品牌策划顾问

关于"科学品牌"的定义，我认为首先品牌应该有自身准确的定位。开放竞争的市场中，没有绝对的同质化产品，唯有找准生态位，才能在清晰的使命、愿景、价值观指引下寻找生存的机会和发展的路径。其次，品牌必须创造出可以被认知和体验的价值，才能完成从内化到外化的过程。我可以列举出"不科学"的品牌，例如海底捞。海底捞的成功其实跟品牌无关，靠的是在市场红利期间野蛮生长，打通产业链，然后又搭上资本快车的金融模式。"科学"的品牌如喜茶，瞄准消费升级趋势下饮品从化学勾兑到天然有机、从工业罐装到手工现做的消费需求升级机遇，精准定位具有消费实力和消费品质需求的年轻客群，以设计创意打造超体验空间，在庞大而复杂的茶饮商业世界，只争制高点，不争市场份额，树立了茶饮乃至餐饮市场的品牌标杆。最后，关于"科学品牌"，我想知道的太多。

13

李洪川

营销顾问公司总监

如果让我定义“科学品牌”，品牌定位的精准数据化支撑、品牌内容传达的个性化定制、品牌与消费者互动渠道的精准化构建，会是其需要具备的特征。AI 智能算法下实现个性化内容生产、定制与推送的抖音，大数据支撑下实现个性化商品推荐的淘宝，乃至消费群体定位精准的喜茶、小罐茶，均可以被称作“科学品牌”。关于“科学品牌”，我想知道两个问题：(1) 大数据中，真实数据与干扰数据的界定与改进方法；(2) 科学品牌的路径打造与方法。

“科学品牌”可以理解为以科学为基点，跨学科的产品品牌合集。其特征应该包含以下 3 点：(1) 先做思想后做产品；(2) 产品跨学科；(3) 产品自始至终贯穿科学技术的应用。比如 iPhone、特斯拉均可以被称作“科学品牌”。关于“科学品牌”，我想知道：科学品牌的未来走向以及科学品牌爆品的机会点在哪里。

15

杨永刚

生态战略研究者

如果我来定义“科学品牌”，它需要包含以下 5 点特征：(1) 普世精神；(2) 人本价值；(3) 人文内涵；(4) 时代新物种；(5) 潮流风尚。“家国同构、商文共修”的华为，“国家意志、精工使命、革命基因”的红旗，“坚守传统工艺、国酒旗帜担当”的茅台，均可以被称作“科学品牌”。关于“科学品牌”，我更关心其创意缘起、理念原则、评测标准、场景架构以及品牌树。

如果要定义“科学品牌”，那么相对于“不科学”的品牌，“科学品牌”会给出“科学”的对比、解读、数据分析，并让人们感觉到“科学”的品牌形象。比如，权威性更强、数据分析更有理有据、更具未来与时代特性等等，与“不科学”的品牌形成鲜明对比。对环境更友好、更和谐健康的人造肉研发生产公司——Beyond Meat（别样肉客），未来性更强、更具吸引力的特斯拉与太空探索技术公司（SpaceX），均可被称作“科学品牌”。关于“科学品牌”，我更想知道知名的“不科学品牌”有哪些。

品牌经理

如果让我定义“科学品牌”，客观、全面、真实应该是其需要具备的特征。“花加”和“喜茶”是我所认可的科学品牌。“花加”在不同季节有不同分类的花推送给用户，从单品种到多品种都有分类。其周边产品的生产，也丰富了品牌的属性。“喜茶”则从单一的茶饮到创意茶饮，再到周边产品和联名产品，将茶店做成多元化时尚品牌。关于“科学品牌”，我想知道，在品牌的不断进化中，有没有进化的究极形态或者玩法的终点？

如果让我定义“科学品牌”，使用“黑科技”、能改善生活甚至变革生活，会是其需要具备的特征。比如小米的电动牙刷帮助人们缓解了蛀牙困扰，国外一个骨传导助听器品牌帮助使用一般助听器无效的老人重新获得听觉，这些品牌均可以称作“科学品牌”。关于“科学品牌”，我想知道更多实用的、能改善生活方式的最新日常向科技产品。

19

杨祥

品牌创新咨询顾问

如果让我定义“科学品牌”，我认为当下或未来品牌可能将逐渐成为某种消费文化的产物，所以科学的品牌一要有文化形态的代表性或匹配性甚至引领性的特征，还要有“脱离”于产品、渠道等资源自我生长的特征。耐克（NIKE）、露露乐蒙（lululemon）就是典型的例子。关于科学品牌，我想请教吴声老师，看他如何定义“科学品牌”及其应该具备的特征，以及他所认为的科学品牌有哪些。

如果让我定义“科学品牌”，AI 人性化的设计会是我认为需要具备的特征。语音识别和翻译的科大讯飞以及自主研发的大疆无人机可以被称作“科学品牌”。关于“科学品牌”，我想知道：“科学品牌”是技术第一，还是营销第一呢？

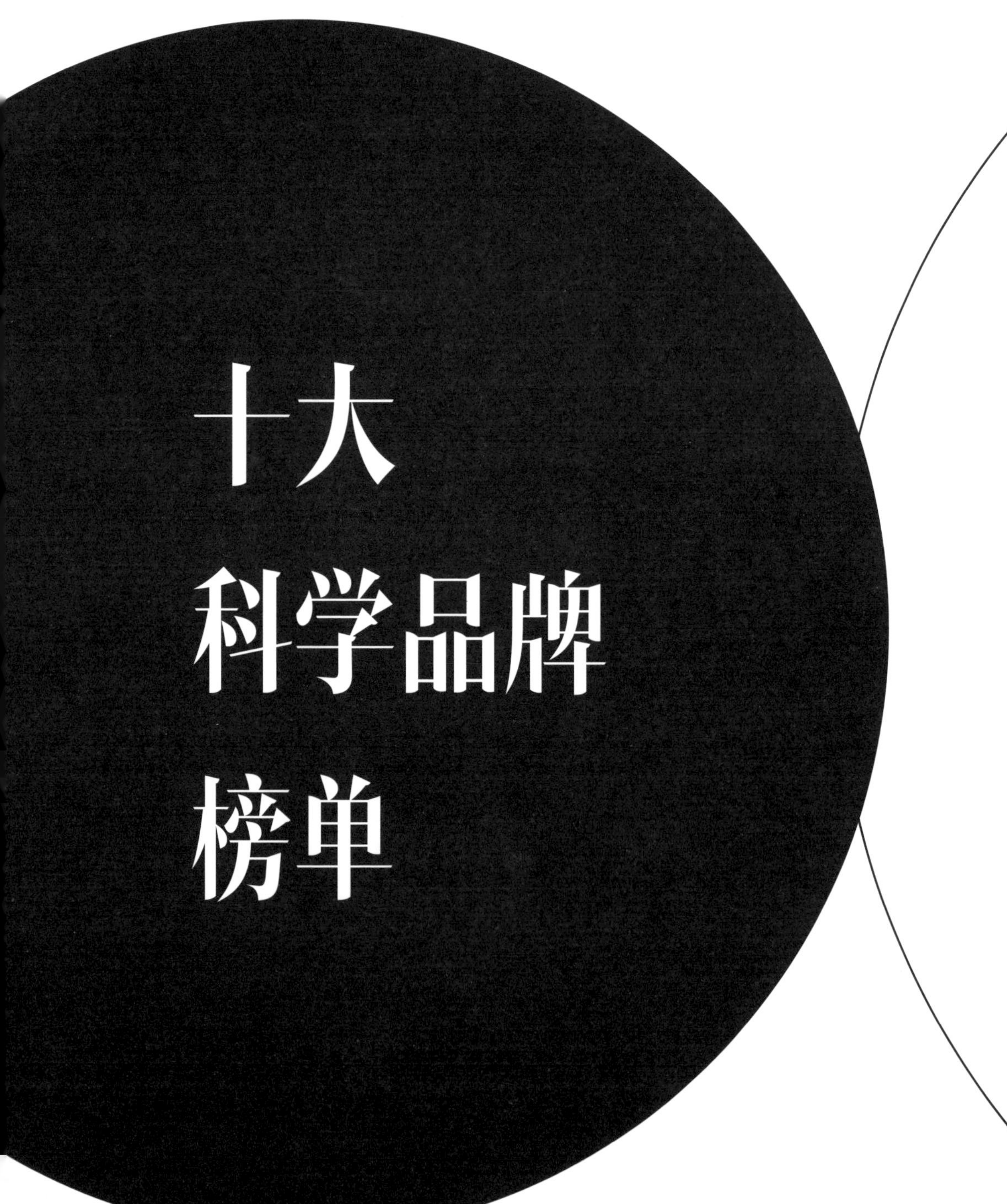

十大
科学品牌
榜单

当每个品牌强调“科学”的时候，都分别在强调什么？我们提名了全球范围内的 10 个品牌，构成这份“科学品牌”榜单，无关业绩，只以观念之名。

“科学”已经超越产品策略与话语体系，而成为基因与信仰，在技术算法、管理流程与品牌哲学中穿梭前行。这些品牌正以自己的独树一帜，诠释科学品牌在这个时代的应有之义。

TOP 10 SCIENTIFIC BRANDS

Hi 海底捞

便利蜂

NBA

EVERLANE

SHEIN

Deciem

KERING

NETFLIX

1.

Deciem

加拿大

图片来源：Deciem 官网

关键词

成分细节

Details of the Ingredients

Deciem 是于 2012 年在加拿大成立的“生物科技”护肤集团，有 NIOD、Hylamide、The Ordinary 以及 The Chemistry Brand 等多条产品线。其明星品牌 The Ordinary 于 2016 年推出，一经面市便在美妆界引发了“成分护肤”的流行。这个系列的产品选择视黄醇、烟酰胺、维生素 C 等经过实验验证的有效成分，直接以功效成分和浓度命名，例如“5% 咖啡因 +EGCG 眼部精华”，每一个产品都带有成分含量的详细说明，让消费者永远不会发现任何模糊、误导性的产品信息。产品包装也是极简的药剂风格：玻璃瓶和滴管，看起来像是直接生产自实验室。该品牌大多数产品售价都在 10 美元以下，因此被称为“低价的猛药”。而 Deciem 旗下更高端的品牌线 NIOD——全称 Non Invasive Options in Dermal Science(非入侵性皮肤科技)，其理念是将最前沿的护肤技术应用到精华类产品中，其成分往往来自最新的专利科研成果，例如明星成分蓝铜胜肽，其产品依然是仅以成分名称和浓度命名。各种“硬核”产品虽然价格偏高，但却轻松赢得重度护肤玩家的芳心。

上⁄榜⁄理⁄由

满满一瓶的原液产品看似简单粗暴，但却精准击中了部分消费者对传统护肤品天花乱坠式营销的厌倦心理。以成分作为卖点的护肤产品并不是 Deciem 首创，但其对产品细节的把控和对科技本身的突出表达，使得品牌的气质天然与众不同，被“研究型”消费者所青睐，成为一种新的品牌建设路径的代表。

关键词

理性营销

Rational Marketing

2010 年成立的服饰品牌 EVERLANE（埃韦兰斯），从成立之初便以“反经验”的姿态区别于其他服装品牌。在 EVERLANE 的网站上，每款商品都会有一个透明的价格细目表，详细地列出商品背后具体的成本。比如一件 55 美元的套头衫，材料成本 10.24 美元、硬件成本 2.75 美元、人力成本 7.8 美元、关税成本 3.43 美元、运输成本 0.75 美元，然后是实际利润近 30 美元，再标出其他服装品牌的类似商品零售价格 125 美元作为对比。看似“破坏行业规则”的特立独行之举，却用信息透明赢得消费者信任。EVERLANE 在某种意义上是一家科技公司，用研发互联网产品的方法去研发衣服，注重对用户反馈的数据追踪，以实现产品、材料、设计的快速迭代，同时用“裸售”的透明价格机制，颠覆了时尚圈的原有营销玩法。

上 / 榜 / 理 / 由

随着消费的理性化趋势，EVERLANE 的透明价格体系代表了一种新的品牌建设策略：区别于传统的故事包装、感性营销，而以供应链透明、可溯源等要素作为品牌的基础信息，以理性营销的方式打破消费者对商品的固有认知，极大地满足消费者的知情权，同时实现对品牌形象的塑造。

2.

EVERLANE

美国

图片来源：EVERLANE 官网

3.

UBISOFT

法国

图片来源：育碧官网

关键词

现实复刻

Realistic Copy

育碧娱乐软件公司（Ubisoft Entertainment）成立于1986年，是一家总部设于法国的电子游戏制作、发行和代销公司，1996年在中国成立工作室。随着游戏行业颠覆性的革新，该公司曾推出许多经典作品，如《雷曼》《刺客信条》《波斯王子》等。自2019年“拯救”火灾后的巴黎圣母院，育碧游戏对于现实建筑的高还原度被游戏圈外人所知。《刺客信条：大革命》设计师花了两年时间研习巴黎圣母院的构造，以至于在游戏中近乎百分之百地重现了巴黎圣母院，这些经验和资料将有可能给未来巴黎圣母院的重建工作带来帮助。除了对于环境细节的复刻，育碧对于游戏人物动作也极尽可能还原真实，他们的基础动作库和对应的数学算法对于外界来说是个“黑盒”,但这同时也是育碧的“护城河”。最近，育碧在游戏中推出了教育模式，玩家可以在古埃及和古希腊地图里漫步，就如同在一个镜像世界里旅行，沉浸其中，了解真实的历史。随着技术水平和设备性能的提升，未来育碧希望在游戏中还原整个真实世界。

上⁄榜⁄理⁄由

育碧投入了大量成本，力求在游戏中还原真实世界，以内容和算法打破现实与虚拟世界的界限。未来当技术界面不再成为瓶颈，只要配合可能的硬件，实现实时信息流与增强现实的连接，人机双方将互相成为彼此的接口。此时技术本身便不再重要，而是信息的准确度和内容本身成为决定因素。育碧所拥有的大量基于现实的数据和捕捉算法，让“平行世界”得以成为现实。

关键词

科学家领导设计师

Scientists Lead Designers

露露乐蒙这家加拿大运动服饰品牌，被多个机构评选为 2019 年全球增速最快的品牌。立足于个体化场景，露露乐蒙开创之初就牢牢占据了瑜伽用品这一独特品类。该公司继 2007 年登陆纳斯达克之后连遇低谷，2013 年成为其转折点——Whitespace 开放型实验室成立。40 多位科学家、工程师以及技术人员组成的团队将科学实验与更符合用户偏好、运动特性的产品设计紧密结合，打造出 Align、Wunder Under、Speed Up、In Movement 等大获成功的产品系列。以瑜伽教练为代表的高质量 KOC（关键意见消费者）社群营销，也让露露乐蒙的设计理念更加专业短链地触达消费者。结合实验概念店 Lululemon Lab 致力于“供应链透明”的数字营销，露露乐蒙形成了自下而上的品牌友好感，完成新场景定义和独占，并一举逆转颓势。2020 年 7 月，露露乐蒙市值已达 400 亿美元。开设“健身课程 + 轻食餐厅”全球旗舰店、推出“门店 + 线上”课程体系以及收购居家健身科技公司 Mirror，一系列战略举动的背后，是科学家与设计师对用户生活场景的完整打造。

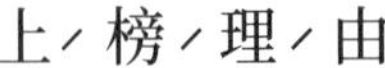

上／榜／理／由

从瑜伽服饰公司到健康运动品牌，露露乐蒙更应该被关注的，是科技作为品牌基因带来的技术革新。科学技术的发展带来的材料革命、流程革新以及门店数字化，将新观念以及新生活方式在场景中不断实践，为新场景的切入以及用户关系的塑造提供有力依据。“科学家带领设计师”的工作范式，也将成为生活方式品牌建设的新路径。

4.

图片来源：露露乐蒙官网

5.

便利蜂

中国

图片来源：便利蜂官网

关键词

算法决策

Algorithm of Decision

自2016年12月正式开始运营，便利蜂便采取全部自营模式，目前在全国20个城市拥有超过1500家门店。便利蜂以数字化管理为底层支撑，先后开发了智能订货系统、大数据选品系统、自助收银系统、动态定价系统等，打造一个覆盖全业务链条的智能便利店操作系统。在消费体验上，门店的自助选购商品、自助结账、线上下单线下配送等数字化服务为消费者提供了便利；在门店运营管理上，基于数据和算法的中央系统，针对不同门店，下达从门店选址到选品决策等一系列经营决策，打造“千店千面”的经营模式；智能系统覆盖全供应链，除以数字化技术监控商品品质外，还可以让消费者追溯到每个商品的来源信息。门店的成本结构和经营效率也由此被改变：从前期选址到门店运营，智能化系统使得员工工作量被削减，门店人效提高；数据和算法决策代替经验决策，能更精准和快速地调整产品和服务，以满足消费者需求，提升经营“造血”能力。

上/榜/理/由

近年来便利店行业竞争激烈，破局之路依然艰难，商家往往以经营亏损来换取规模化发展。便利蜂的系统数字化给便利店行业带来更多可能性：系统数字化赋能规模扩张；每个环节业务开展的时间成本被缩短，形成对商业模式的正向反馈，以优化现金流、盈利能力、消费者服务能力等各个方面，提升品牌扩张能力，更快速搭建社区服务的近场网络；理性算法下的服务质量把控，不仅是“千店千面”的个性化体验，更是以智能标准化动作突破加盟模式和店长依赖下的服务质量参差不齐，保障消费者体验。

关键词

效率生产力

Efficient Productivity

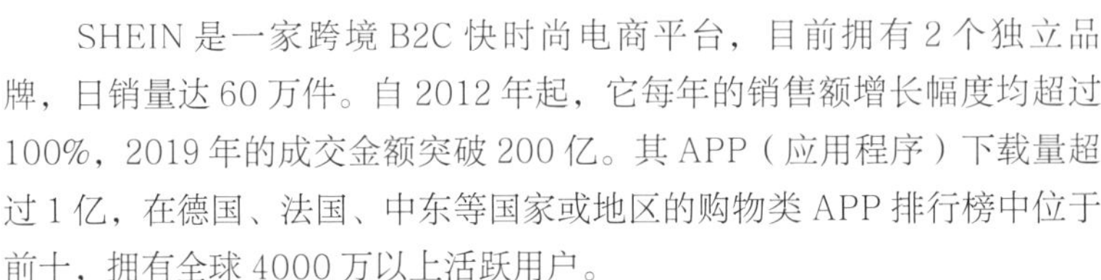

SHEIN 是一家跨境 B2C 快时尚电商平台，目前拥有 2 个独立品牌，日销量达 60 万件。自 2012 年起，它每年的销售额增长幅度均超过 100%，2019 年的成交金额突破 200 亿。其 APP（应用程序）下载量超过 1 亿，在德国、法国、中东等国家或地区的购物类 APP 排行榜中位于前十，拥有全球 4000 万以上活跃用户。

自 2008 年创立以来，SHEIN 以“快”“时尚”“品牌力”3 个特点站稳市场。作为最早一批进入中东市场的电商平台，SHEIN 的成功除了来源于抢占潜力市场的先发优势，更在于它极早便将“供应链建设”作为最重要的战略布局，完成了品牌效率的快速提升。SHEIN 的“柔性供应链架构”，覆盖了产品设计、打版生产、跨境仓储系统等整个生产端流程，可以实现每天 200 个新款生产、现货 40 小时内发货、备货 5 天内发货的速度，成功打造了中国 DTC（直接面对用户的品牌建立方式）的模式样本，在众多快时尚品牌陷入“经营困境”的今天，完成了快时尚的另一种突围。

上／榜／理／由

效率本身作为一种新型生产力，对品牌的重要性正在日益增加。如同 SHEIN 坚持从供应链到生态链的深耕，生长出对抗不确定性的新竞争力，“供应链品牌”将成为数字商业的主流模式。

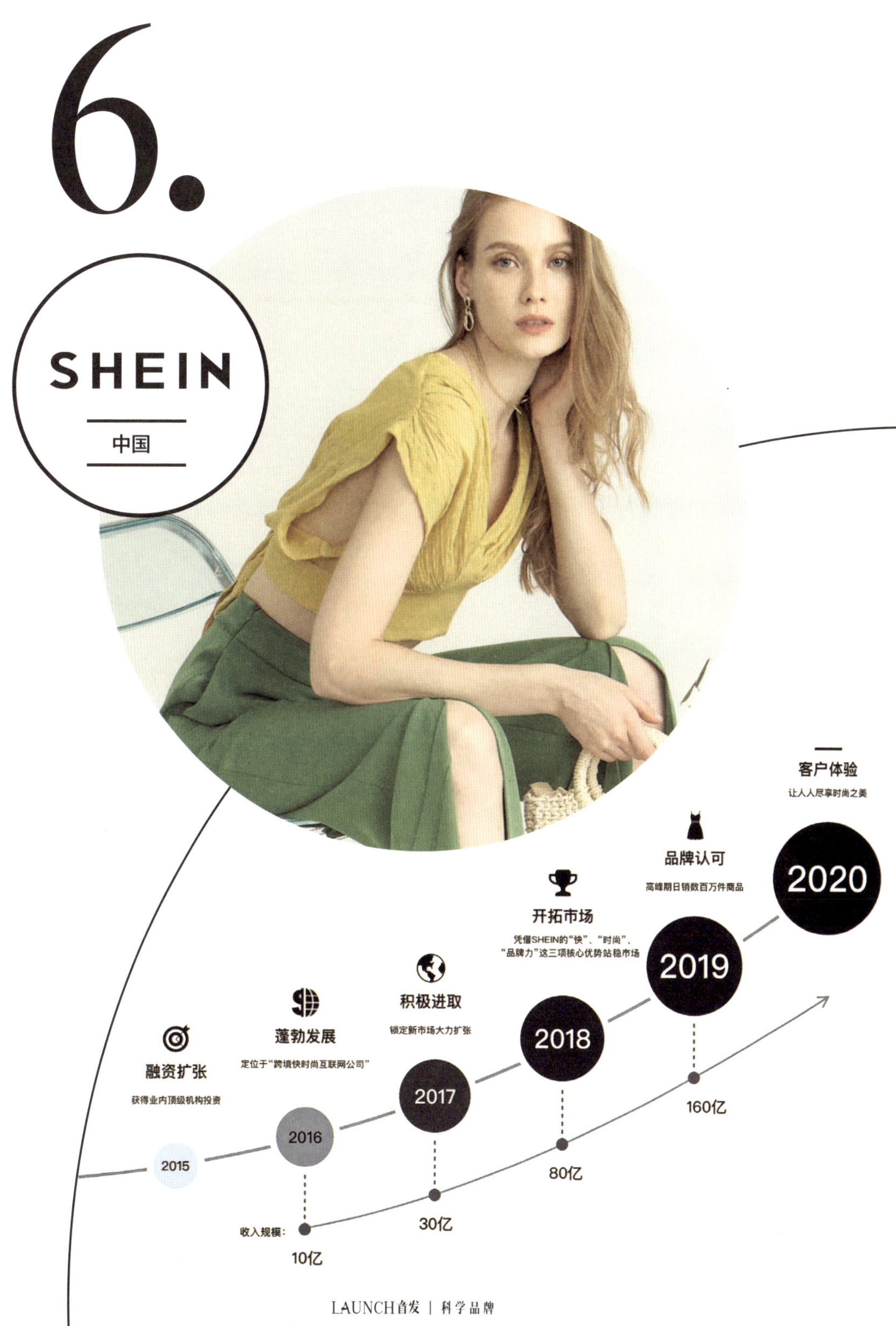

图片来源：SHEIN 官网

关键词

数据驱动

Data Driven

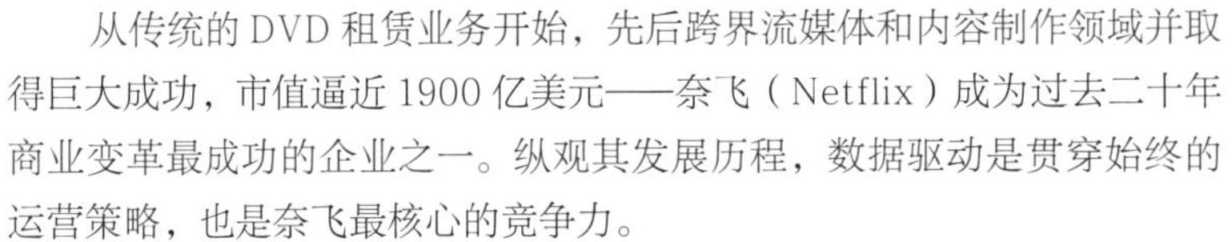

从传统的DVD租赁业务开始，先后跨界流媒体和内容制作领域并取得巨大成功，市值逼近1900亿美元——奈飞（Netflix）成为过去二十年商业变革最成功的企业之一。纵观其发展历程，数据驱动是贯穿始终的运营策略，也是奈飞最核心的竞争力。

早在2000年的DVD租赁业务中，奈飞就开始尝试个性化的推荐机制，通过分析用户浏览、订阅行为来为其推荐感兴趣的内容。2006年，奈飞悬赏百万美元，发起“Netflix Prize”数据科学竞赛，将经过脱敏处理的全部数据集——涵盖48万用户对于17万电影的1亿条评价数据对社会公开，征集推荐系统的新方案，获胜标准是推荐准确度比奈飞当时的推荐系统Cinematch提升10%以上。最终Bellkor团队胜出，奈飞由此实现了推荐算法的突破，此番活动也开启了企业举办数据创新竞赛的风尚。2013年，奈飞基于积累的大量用户观影数据，根据回放情节、快进内容、留言评价、关键字搜索等大数据推断用户喜好，制作了电视剧《纸牌屋》，该剧一举成为“爆款”，吹响了奈飞大举进军内容制作领域的号角。自此大量的优质剧集开始诞生，奈飞深刻改变了全球影视业的消费和创作模式。

上／榜／理／由

借用奈飞大数据工具负责人米歇尔·厄福德的一句话：“如果你有了一个想法，然后利用数据去验证它，这不是数据驱动。数据驱动是一切从数据出发，在数据中产生洞察和想法，从而驱动你的行为。”

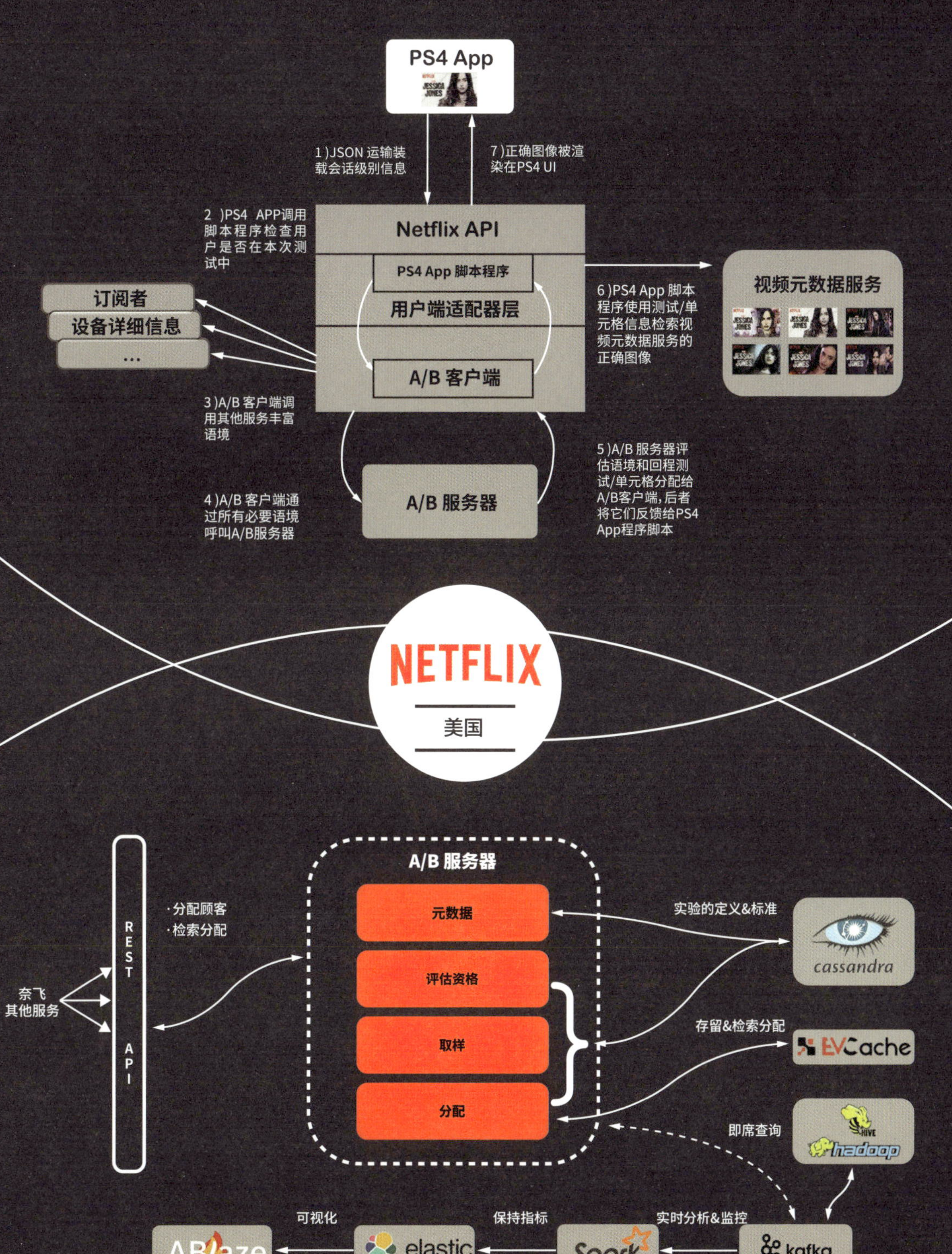
PS4 App
1)JSON 运输装载会话级别信息
7)正确图像被渲染在PS4 UI
2)PS4 APP调用脚本程序检查用户是否在本次测试中
Netflix API
PS4 App 脚本程序
用户端适配器层
A/B 客户端
订阅者
设备详细信息
...
视频元数据服务
6)PS4 App 脚本程序使用测试/单元格信息检索视频元数据服务的正确图像
3)A/B 客户端调用其他服务丰富语境
4)A/B 客户端通过所有必要语境呼叫A/B服务器
A/B 服务器
5)A/B 服务器评估语境和回程测试/单元格分配给A/B客户端，后者将它们反馈给PS4 App程序脚本
NETFLIX
美国
A/B 服务器
元数据
评估资格
取样
分配
R E S T A P I
·分配顾客
·检索分配
奈飞其他服务
实验的定义&标准
cassandra
存留&检索分配
EVCache
即席查询
HIVE
hadoop
可视化
保持指标
实时分析&监控
ABlaze
elastic
Spark
kafka

KERING

法国

了解我们的环境足迹

为了测量真实的环境足迹，我们需要一步步丈量：

碳排放 水资源利用 水污染 土地使用 空气污染 废弃物

为了真正了解人类给环境造成的影响，
我们直接分析整个价值链上所有有关因素

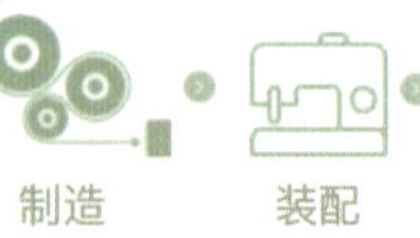

原材料 加工 制造 装配 运营与零售

图片来源：开云官网

关键词

环境友好量化

Environmentally Friendly Quantification

作为时尚界的领导者，拥有一系列国际知名品牌的法国奢侈品集团开云集团（KERING）近年来致力于推动可持续时尚的发展，开展了一系列如火如荼的行动：建立永续委员会，开发“我的环境损益表”(My EP&L) 移动端应用程序，牵头成立“可持续时尚联盟”，建立可持续创新实验室，设立可持续创新大奖，发起《时尚业环境保护协议书》，等等。

近年来时尚业围绕“环境友好”议题所推出的商业举措越来越多：新型材料的使用、旧衣物改造、生产废料的再利用等，都在以不同的方式推进时尚行业的可持续发展。但是“环境友好”仅停留在理念和材料的升级循环上并不足够，而是需要整个产业链上每个环节形成系统解决方案。开云集团的环境损益表 (EP&L) 支撑体系，以系统的指标量化数据，跟踪可持续发展情况：根据 73 项环境关键绩效指标及自身运营和供应链情况来衡量环境友好性，包括产品运输、制造和加工，以及与原材料生产和获取相关的所有上游环节产生的影响，并以此为依据制定各项可持续策略。

上/榜/理/由

开云集团以环境损益表实现了具体、系统化和可量化的指标，以透明并公开的数据，帮助业界洞悉其自身对环境影响的复杂性，并在此基础之上，以科学、完整的方法体系指导环境友好举措的具体实施，打破人们对时尚界“浪费”的固有偏见，引领整个行业建立可持续价值观。

关键词

行业标准输出

Industry Standard Output

成立于 1994 年的海底捞，从仅能容纳 4 张桌子的小店，快速发展为全球中式餐饮市场份额第一、拥有近 800 家门店的火锅巨头，也是国内唯一一家年营收额破百亿元的餐饮企业。海底捞在消费者眼中的标签也许是细致入微的服务，但其理念和模式影响了整个中餐行业。长久以来，中餐的标准化问题一直难以破解，而海底捞走在了中国餐饮业标准化的前列，从“服务标准”开始，海底捞为整个餐饮行业定制标准化的解决方案，在服务、供应链和人力资源管理三个维度上并行。

服务的标准化体现在用餐前、中、后的服务和门店环境的所有细节，比如在用餐前为用户提供围裙、眼镜布、头绳等——这些已成为许多火锅店的标准配置。在供应链方面，海底捞打造了一整套独立后台供应链系统，全国全网的平台化服务也成为许多餐饮企业的系统工具：时蔬基地直供，集中化采购和末端门店零库存，多物流中心与中央厨房的联合配置模式。在人力资源管理方面，海底捞成立微海咨询公司，使职能部门转型为利润中心，既满足了海底捞自身庞大的人才招聘需求，也对外输出海底捞专业的人力资源管理经验，服务其他餐饮企业。

上╱榜╱理╱由

精确、系统、科学的管理经营方法，使得海底捞从一家单纯的火锅连锁企业成长为餐饮行业的服务提供者和标准输出者，平台化的数字工具帮助中餐标准化从不可能变成可能。

高

消费者权益保护与服务质量

食品安全

供应链管理

职业安全

员工基本权益保障

助力员工成长

推广科技应用

反贪污

良好的就餐环境

员工幸福

员工多样化

餐品品质

社区投资与公益

风险防范

公司治理

资源使用

排放物管理

对利益相关方的重要性

低

对海底捞的重要性

高

9.

图片来源：海底捞 2019 年年度报告

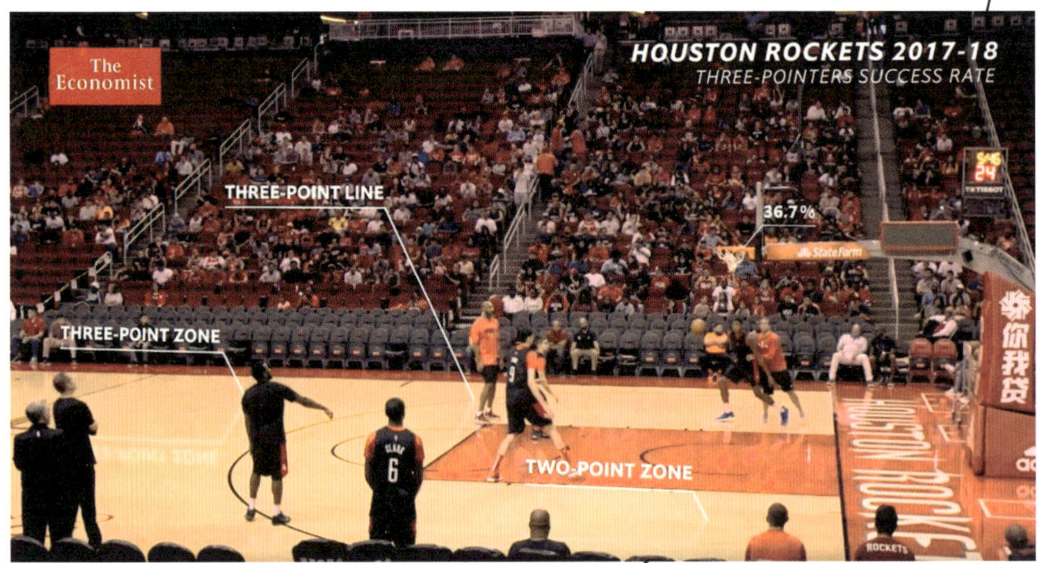

10.

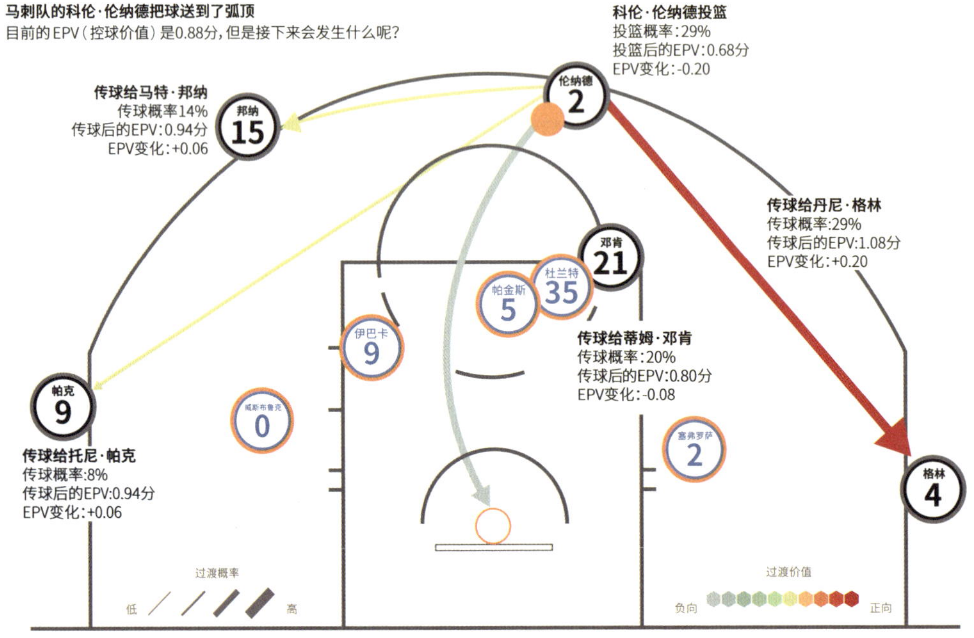

图片来源：《经济学人》（*The Economist*）

关键词

数字化试验田

Digital Experiment

NBA（美国职业篮球联赛）早在 2009 年就开始了数字化赛场建设：将球员追踪与分析的监控系统 SportVU 部署到每支球队。SportVU 的智能摄像头系统可以跟踪每一个球员和球的运动，收集海量球场数据，生成的统计及分析结果直接输出到每位教练的电脑上，可以“智能”到建模预判一个球员在特定区域的投篮命中率，甚至一旦球不能被投进，还可预判篮板球的落点，以及谁将抢到篮板球。这个系统帮助球队管理者科学训练和量化管理球队。得益于数字化建设，NBA 几乎成为全球蕴含最多“黑科技”的体育赛事之一，3D 投影、VR 直播、360 度环场摄影、球鞋“黑科技”、区块链，纷纷在 NBA 中找到应用场景。

NBA 的数字化战略还不止于此，更重要的还有其对商业价值的挖掘与开发：以精细的数据分析为基础，制定有效的赛事营销策略和票价机制，以提升每支球队的商业收入，甚至能够精准预判一场比赛的精彩程度、预测一支球队的娱乐价值。

上榜理由

数字化正在改变 NBA 这一传统体育赛事的商业模式。作为数字化试验田的 NBA，完成了向科学品牌的彻底蜕变，数据价值观成就了 NBA 的新商业想象。

IMAG

想象

GINE

专题一：
技术主义下的
新消费认知

过去，我们容易被“技术”所迷惑。消费者理所当然地购买、使用产品，对于大多数人而言，创造这个产品的技术本身仅仅是一个“黑箱”。现在，越来越多的消费者开始关注并重视产品背后的机理和过程，追求一种更加“科学”和“健康”的生活方式。许多新的需求也正在因此诞生。

Best Time for People Obsessed with Components

『成分党』的春天：流动性定义的体验革命

文／焦永上

“和另一款产品不同，这款产品加入的角鲨烷是存在感比较强的油，而且属于油性成膜剂，所以相比另一款产品，‘至本’这款产品会更有保护感一些。”——这是一位成分护肤网红博主对一款护肤品的讲解。被专业名词加持后，你是否更有购买的冲动？

01

科学工作者们的教科书级成分分析

“成分主打护肤品”的风这几年一直刮得很猛，理工科背景的专业配方师们纷纷走上前台，与品牌互相成就。越来越多的消费者开始对“成分学”上瘾，买产品不再依靠直觉。

面对青春痘问题，人们曾经会直接去化妆品柜台购买祛痘产品，品牌本身的价值会被着重考虑，至于是否管用只有掏腰包用过才知道。情况再严重一些才会选择去医院皮肤科就诊，在医生指导下使用一些强效力的处方类药品，快速改善皮肤状态。

现在，只要稍加搜索，就能看到各类专业人士针对不同皮肤问题的亲自教学。有一个叫作“美容大王和化学家”的微信公众号，每一篇产品介绍就是一篇科普文章，文章附录里列出了长长的来自权威期刊的参考文献。作者不会一上来就告诉读者“你需要选择一个靠谱的防晒霜坚持天天涂”，而是会从“防晒系数 SPF 用于衡量对 UVB（中波紫外线）的防护效果，而 UVB 主要引起皮肤红斑、爆皮及脱皮”讲起，层层深入，最后才顺手推荐一些成分安全的防晒产品。

“基础颜究”的创办者三亩，是清华大学化工博士，典型的业内科学工作者。他的护肤类文章用普通人能听懂的话，讲解护肤过程中发生的一系列化学反应。比如皮肤的三级防御，依次是“居委会（扶植有益菌）和警察局（帮助抗菌肽）的级别”，等到了第三级就是身体免疫系统“调来大部队”，这时痘痘基本就出现了。

这些护肤科普类文章或视频往往抛出一个困扰大众许久的问题作为开头，然后把人类皮肤的构成掰开揉碎讲解，从表皮层讲解到真皮层，从皮肤屏障修护过渡到美白抗老，包括如何对抗自由基、怎么减少黑色素。总之，化妆品配方中的何种成分会改善皮肤具体哪一部分的状况，通过阻断哪一步化学变化能让皮肤保持白皙光滑，这些问题统统能找到答案。三亩说过，自己的团队成员大多数是配方师，有雅诗兰黛集团前研发总监、欧莱雅研发中心前研发经理等等。这些护肤领域的专业人士，下场到消费者阵地，和用户直接交流，并开发出快速响应市场需求的产品。

$C_{20}H_{30}O$

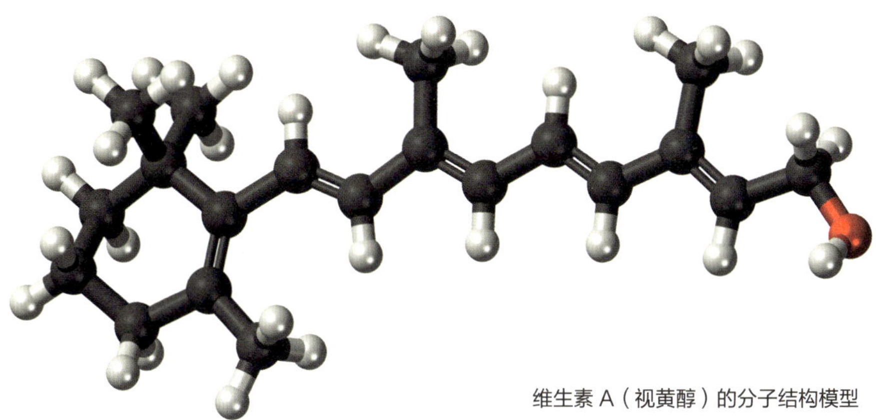

维生素 A（视黄醇）的分子结构模型

► 抗老明星成分视黄醇其实就是维生素 A（“早 C 晚 A”，即早上使用维生素 C 抗氧化，晚上使用维生素 A 促进细胞更新，被一些“成分党”奉为金科玉律）

“了解自己和自己拥有的每一样东西”，
也许才是“成分党”的真正追求。

02

真假“成分党”

“377 是美白成分，玻色因能够抗老，维 C 可以清除自由基”，随便说出一个专业成分，都对应着一种或者多种皮肤护理功效。不知道从什么时候开始，大家突然就习惯了化妆品品牌将某一明星成分功效作为其产品卖点来宣传。

消费者的诉求各不相同。那些自诩为“成分党”的成分爱好者们，是真的有耐心花费金钱和时间研究每一个小瓶子里的化学物质结构，还是仅仅直接去科普博主、美妆博主那里“抄作业”，求一个内心平静呢？

如果仅仅明白某些明星成分的护肤功效，能称为一个合格的“成分党”护肤选手吗？恐怕，这只是“成分党”护肤之路的小小开始。各位预备级“成分党”，需要持续深入学习护肤高阶知识，研究“如何避免皮肤光老化”“干皮如何抗衰”等一系列永远没有标准答案的开放问题。如果你在了解了一系列皮肤细胞和护肤品之间的化学反应过程后，还能够心平气和地根据自身状况，为自己定制出一整套科学护肤流程，那么恭喜你成功进阶，成为一位真正的“成分党”。

但事实上，被烦琐的专业词汇搞乱头脑，或是在一系列复杂化学反应面前投降，转而只想安安静静地从各大博主那里“抄抄作业”，也许才是更多人的选择。

关注护肤化妆品成分的消费人群从不甘心替大品牌的广告费买单，他们在成分研究中获取了一种自我提升的快乐。他们不希望被灌输，而是要把每一次选择权掌握在自己手中。“了解自己和自己拥有的每一样东西”，也许才是“成分党”的真正追求。

健康水的真伪命题：心理免疫

文/李力

the Fact or Fiction of Healthy Water: Psychological Immune

稍有社会经验的人看到以健康之名出现的商品，往往会抱有一丝警惕：“营销噱头”或“智商税”的心理暗示始终存在。我们认为，只有当“健康”可被感知、可被测量、可被证伪的时候，才真正具备产品价值。

图片来源：Dream Water 官网、Bai 官网、hint 官网、Recess 官网

世界卫生组织为“健康的水”制订了严格的标准：不含任何对人体有毒有害及有异味的物质、硬度介于 30 ~ 200 毫克 / 升（以碳酸钙计）之间等等。不同于此，“健康水”是一个近几年才开始流行的新饮品概念。作为被重新定义的品类，健康水区别于功能水（比如大家熟悉的红牛）之处在于成分的纯粹性。健康水并不是健康成分与功能成分的混合产物，而是重新定义健康的提纯产物。从风靡国际的 Dream Water、Recess、Bai Black，到国内的新秀品牌元气森林，尽管这些品牌没有以“健康水”品类自居，但在社交网络的渲染之下，“健康水”的流行已经成为一种新的生活日常。

传统健康饮品的概念，是指在满足人体基本生理需要的基础上，长期饮用可以改善、增进某方面的人体生理功效和健康的饮料产品。而如果说传统健康饮品始于对生理健康的关注，那么今天的新品类健康水则加入了更多对心理需求的满足，如情绪上的治愈和安全感带来的心理免疫。

“既拥抱多样性，也聚焦每一个颗粒度需求”，是近年来全球许多科技公司的产品法则。健康水作为新消费品类，是用户需求的延伸与产品化的结果。以硅谷网红水品牌 Hint Water 为例，它的第一款产品通过无有害成分（甜味剂、防腐剂、色素）重新定义了健康饮料，并凭借这种定位进入了注重健康的儿童饮料市场。出人意料的是，在第一款产品获得成功之后，Hint Water 没有研发新品饮料或者进军食品行业，而是推出了一款广谱 SPF 值为 30 的防晒喷雾产品。

饮料和护肤品看起来毫无联系，但对于 Hint Water 来说，这两个产品刚好能被恰如其分地联系起来。品牌创始人卡拉·戈丁表示，在推出产品时，他们首要考虑的是这一产品是否能让消费者拥有更好的感受和体验。相比于几近饱和的传统消费需求，新诞生的品牌越来越重视更加细分的消费者的心理需要，包括个体、组织和家庭，更多的创新商业服务和产品形态，来自对消费者心理与情绪的抚慰和满足。

> “既拥抱多样性，也聚焦每一个颗粒度需求”，
> 是近年来全球许多科技公司的产品法则。
> 健康水作为新消费品类，
> 是用户需求的延伸与产品化的结果。

01

心理免疫产品成为日常

“心理免疫”一词在这场疫情中变得不再陌生。科学研究证明，不良心理因素会影响辅助 T 淋巴细胞的因子的分泌，导致我们人体的免疫系统瘫痪，使得机体对疾病的易感性增加。身处未知的健康风险之中，我们不仅需要身体上的防护服，更需要心理的“防护服”。以专业科普内容、在线诊断、在线咨询、理疗产品等为代表，心理健康相关服务会逐渐成为我们新的日常生活场景，如同齿科、微整形成为购物中心与社区的标配，心理免疫产品会变得更易得，也更平常。

02

健康方案的个性定制

人造肉、无糖饮料、代餐等新型餐饮产品正成为越来越多年轻消费者的偏好，但单一品类的选择往往不能完全满足健康的需求。随着健康餐、健康水的不断细分和成熟化，单品进阶为多样化、可选择、可组合的综合方案，各品牌针对不同群体的健康需求推出个性化定制的餐饮方案，真正实现健康的诉求。

03

为组织提供心理健康服务

企业级心理健康服务亟待开发：从组织的情绪管理入手，提升组织效率和组织健康度。例如以营造“心情愉悦”体验作为环境设计理念，建立科学量化的员工心理健康监测和预警体系，以及持续组织“心理体检”等等。企业级心理健康服务会更加预案式和体系化。

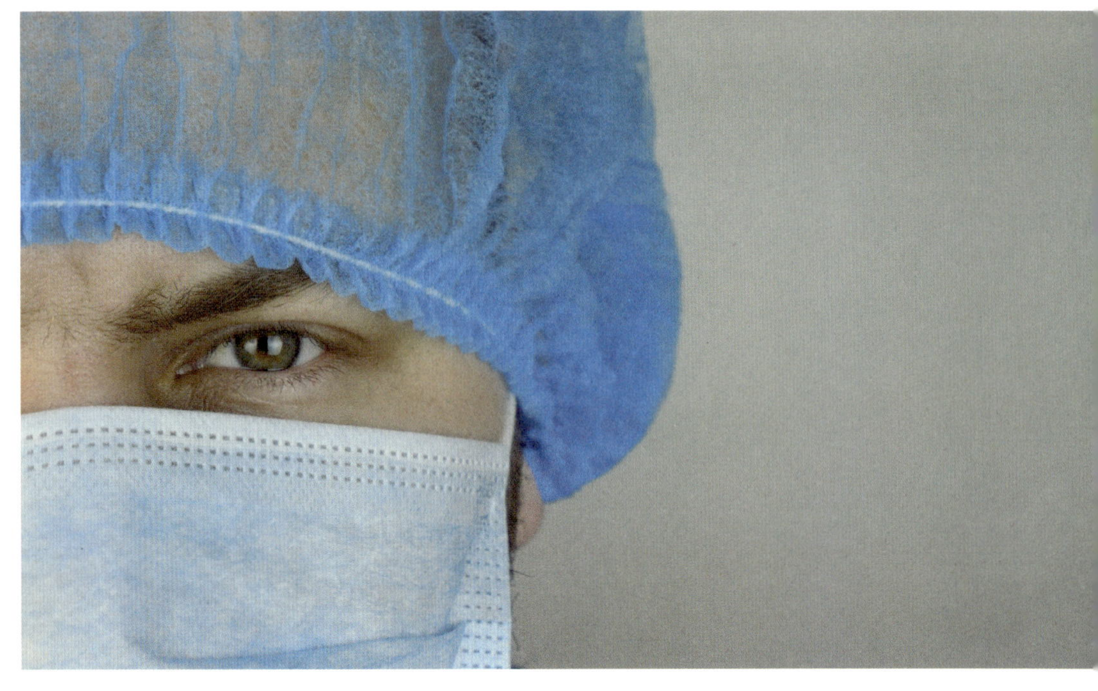

健康水的真伪命题就是健康产品的价值命题，或真或伪，最终取决于产品所应对的是不是消费者真正的生理和心理需求。纯粹的成分固然对健康有益，但我们认为心理免疫更能体现健康水的本质——提供一种重要而稀缺的“掌控感”，帮助我们更有力地面对未知的风险和不断变化的世界。品牌的使命在于发掘更具体和真实的消费场景，引领潮流从来不是刻意为之，而是发现需求的本质，进而创造新的生活方式。

心理免疫更能体现健康水的本质——
提供一种重要而稀缺的“掌控感”，
帮助我们更有力地面对
未知的风险和不断变化的世界。

“科学”在“科技”之外发挥作用：

专访欧莱雅中国区首席执行官费博瑞

Science Plays a Role Beyond Technology:

Interview with L’Oreal China CEO Fabrice Megarbane

Q: 在您的观察中，新一代数字化用户的消费方式正在发生哪些强烈的变化？

A: 我认为新一代数字化消费者的消费模式有以下几个特点。第一，线上和线下的边界越来越模糊，这些消费者在线上线下之间进行非常自由的流动，通过全渠道来进行消费体验，我们称他们为“2.5 次元”的消费者（游走在二次元虚拟世界和三次元现实世界之间）。第二，他们是一群越来越专业和理性的消费者，知识非常丰富，非常清楚和明确自己想要的是什么，在做决策的过程中非常理性。第三，他们还希望消费活动是可以在任何时间、任何地点、以任何方式来进行的，不需要提前进行规划和设想，消费需求随时随地得到满足。第四，他们还希望得到个性化的服务、个性化的体验。以上是我注意到的新一代数字化消费者的需求变化。

Q: 在美妆领域中，消费者是否也表现出消费专业化的趋势？比如说对于化妆品成分的特别关注，或者对某些新技术应用的特别偏好。

A: 是的，的确是这样。第一个趋势表现为消费者对化妆品成分越来越关注，相当多的消费者就是因为某些特定的成分对产品做出了购买决策，因为他们认为成分是产品的核心竞争力，比如说某种产品对于发质或者

皮肤来说有特定的效果或者益处，他们对此更具有专业性的认知。第二，这些新时代的数字化消费者对各类高科技APP越来越熟知，他们也知道在美妆行业里面有相当多的高科技APP可以选用，比如一些APP可以进行自我肤色、肤质的检测，或者进行发色和妆容的虚拟试色等，这意味着消费者在做出消费决策时有了更强的支撑，这使得他们更懂得如何挑选最适合自己的产品和服务。第三，消费者越来越专业，更体现在他们非常关注品牌本身，就是产品背后的品牌以及品牌背后的故事，他们注重品牌的用户价值和社会价值。现在消费者对于可持续发展理念的预期和要求都越来越高，品牌的意义取决于它是不是代表着非常高质量且安全的产品，更取决于它是不是具备可持续发展的理念，整体而言是不是一个对消费者、对社会、对不同利益相关方都非常“美好”的品牌。

Q: 您认为在全球美妆市场中，中国市场呈现出了哪些独特性？特别是中国的新一代年轻消费者，有哪些特别之处？

A: 我认为中国市场的独特性体现在几个方面。第一，中国有一套数字化的生态系统，这个生态系统包括大量的消费者，这些消费者的期待非常高，他们认为品牌应该有一套自有的、非常有效率的系统去了解消费者，运用高科技的手段去吸引消费者，并为消费者提供一套非常具有针对性的服务流程。第二，中国市场拥有巨大规模和极快的成长速度，并且经常发生非常巨大的转变，在中国唯一不变的就是变化本身。第三，中国有一套独特的创新生态，这套生态利于市场进行各种类型的创新，其结果不仅是利好中国市场本身，同时也为整个世界市场的创新提供土壤。与此同时，中国市场的这套创新生态也能吸引全世界最优秀的创新想法及人才进入中国市场，这也是我注意到的一个特点。

Q：前不久欧莱雅中国宣布了新的发展驱动力，包括数字技术在内的科技也是其中之一。您认为从品牌建设的角度来说，数字化的能力会创造哪些新的机遇？

A：一直以来，我们都认为数字化和美妆是天生的一对，因为数字技术可以给美本身带来更好的表达，让美更加鼓舞人心。但是我们觉得单是数字技术还不够，而是要有系统性的美妆科技转型。美妆科技是我们下一步最关注的一个战略领域，是用科技赋能公司整条价值链的战略转型。它能够让我们的产品和服务更加满足用户的个性化需求，给品牌带来一系列的战略优势。比如，它可以让我们对消费者的了解更为准确，可以让我们的产品更加契合消费者的痛点和需求，可以更加精准地给消费者提供个性化服务，让消费者获得全渠道的信息、产品和服务。我们也可以更好地利用全渠道去接触和服务消费者，建立和消费者的信任关系，甚至和消费者共同创新。

Q：欧莱雅中国的美妆科技战略是在什么样的背景下提出的？您认为有哪些指标可以用来衡量一个企业的数字化程度，或者说科技转型的程度？

A：背景就是我们现在发现美妆科技可以让美妆服务和体验更加个性化，与消费者不断迭代的需求保持高度一致。其实美妆科技在我们公司的应用，是体现在价值链的方方面面的：从消费者洞察、新产品开发开始，一直到如何与消费者进行互动，甚至让我们的供应链通过美妆科技得到进一步的赋能，还有改进我们的工作方式，让我们的员工可以用更灵活的方式来协作等等。所有这一切都充分体现出，美妆科技对我们而言是战略转型，而不是战术布局。欧莱雅提出的这一套美妆科技转型战略，不仅是在中国市场，更是在整个集团层面都在加速落实的。

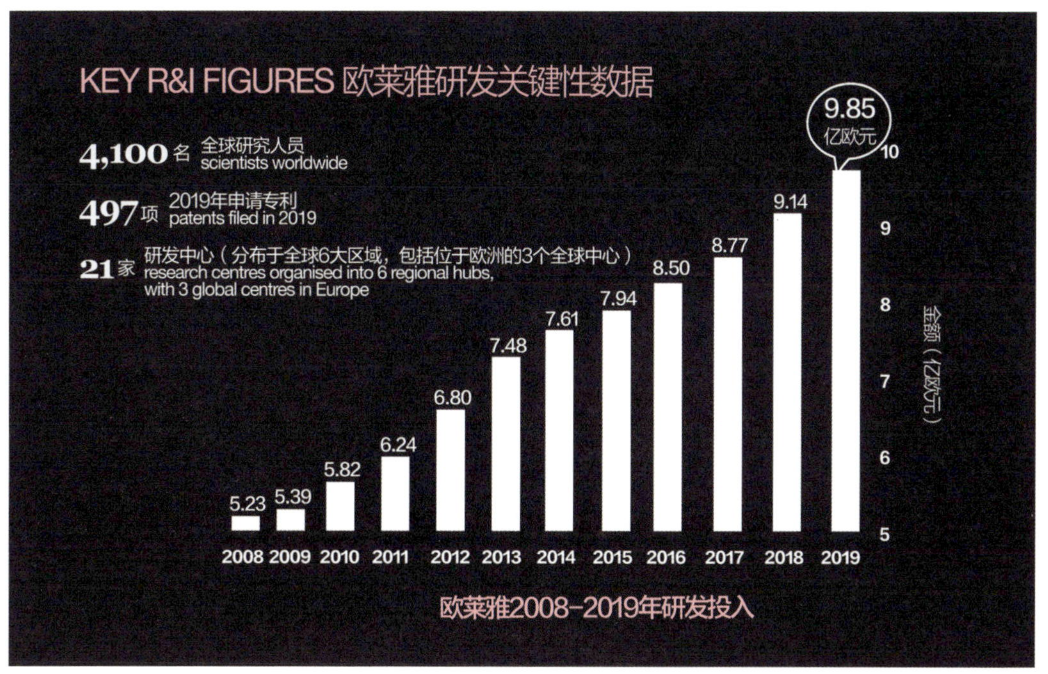

美妆科技对欧莱雅而言是战略转型而不是战术布局。数据来源：欧莱雅官网

> 数字化和美妆是天生的一对，
> 因为数字技术可以给美本身带来更好的表达，
> 让美更加鼓舞人心。

Q: 您如何看待全球智能供应链建设的重要性？它会带来什么样的竞争优势？

A: 首先，目前欧莱雅的供应链是一套非常稳健的全球供应链网络，同时又具备本土化的战略和应用，这就让我们获得了很高的韧性和敏捷性，可以很快适应环境的变化，更好地满足世界各地消费者的需要。其次，我们的供应链网络有非常可靠的合作伙伴支持，可以最大程度地降低风险，以最高效的方式满足消费者需要。供应链网络在发展过程中也日益受到了美妆科技以及其他高科技的支持，高科技提供了更多供应链的数据，以便更好地预测其未来的发展趋势，并相应地做出反应和调整，同时更有效地实现从生产端到消费端之间无缝的、完整的需求满足。

Q: 我们在拥抱技术和数字化工具的同时，有没有可能会遇到一些新的问题？如何应对这些问题呢？

A: 当下我们的信念是相信科技带来的美好，相信科技向善。它给消费市场和消费者带来的更多是好处，这是一个非常重要的信念。我们目前重点关注的就是消费者的数据隐私保护问题。现在人们都深信需要有一套更好的法律和法规体系来保护消费者的数据隐私。我们所做的投资中有一大部分，就是在努力去对消费者数据进行更好的保护。同时我们也认为大数据赋能的高科技的应用，对于全世界的可持续发展，对于我们共同身处的美好星球的明天来说，也是非常有意义、有价值的。

Q: 下面想请教一个关于欧莱雅具体产品的问题：我们对“零点面霜”这个产品非常感兴趣，想请您聊一聊这个产品推出的契机是什么？

A: 这个面霜就是一个非常典型的应用美妆数据、美妆科技进行创新的完美成果。它以消费者的意见起步来倒推创新，我们称之为 C2B（消费者到企业），是“消费者反向引导企业”的一种创新。这是我们跟天猫新品创新中心进行的有效合作，通过对大量年轻消费者的需求和意见数据进行分析，不再是由我们向消费者推出产品，而是消费者反向激发我们，告知我们他们想要的产品是什么。基于这些意见，我们了解到消费者尤其是年轻人喜欢熬夜，对于面霜有很大需求，他们想要在熬完夜睡觉前使用面霜，让自己的皮肤在睡眠的过程中得到充分的休息和恢复，第二

天能保持容光焕发的状态。包括“零点面霜”这个名字，都是消费者来帮我们取的。所以一切都是基于消费者的意见，这些意见促使我们开发这一产品。经过短短59天的开发周期，这个产品就上市了，一经上市就取得了巨大的成功。这充分体现了我们以消费者为中心的理念，我们努力让产品更贴近消费者，以消费者的意见为基础来进行创新，这样给消费者带来的服务是更个性化、更精准、更专业的。

Q: 您前面也提到了可持续发展，请问您如何看待美妆行业的可持续发展问题，需要在哪些具体的方面做出比较迫切的改变？

A: 非常感谢，这是一个重要的问题。可持续发展不只是单独的项目，而是我们集团的战略中心之一，我们公司的运营方式也因这一方针做出了深远的变革。我们自2013年起就推出了系统性的可持续发展承诺——“美丽与众共享”，通过不懈的努力，我们在研发、运营、服务、支持社区发展等方面都取得了长足进步，也证明了可持续发展战略是可以与企业效益增长兼得的。今年，我们又提出了面向2030年更宏伟的计划——“欧莱雅为明天”，我们将不仅仅关注自身的变革，更要求带动整个生态圈和我们一起走上更绿色、更可持续的发展道路，这其中包括我们的供应商、消费者以及合作伙伴。此外我们要为全球社会问题的解决做出更大的贡献，包括投入1.5亿欧元来支持弱势女性、发展循环经济和保护生物多样性。未来10年对于整个世界都是至关重要的10年，我们必须在当下就做出改变。

图片来源：欧莱雅官网

Q: 我们这一期的主题是“科学品牌”，那么从您的角度如何来理解“科学品牌”这个概念？如果一个品牌可以被称作“科学品牌”，它需要至少满足哪些条件？

A: 在我看来，“科学品牌”首先表现在产品创造上，通过技术革新来实现更好的消费结果和消费过程。其次，我认为科学应该应用在企业的整个价值链中。第三，企业所用的技术应该是向善的、是道德的、是有创造性的，而且要建立在非常严谨的研究和论证基础之上。第四，消费者日益趋向于追求健康的绿色的可持续发展的解决方案，这些越来越高的要求只有科学和技术的发展才能够满足。我们长期以来高度支持科学，重视技术，重视科学家尤其是女性科学家在科研领域里所取得的成果和贡献。我们相信“科学”可以与“技术”同行，在美妆行业发挥更大的作用。

采访人：王若师　整理：武茉伊

专题二：

数字化深入发展为品牌带来更多可能

数字化进程从幕后走向台前，已与我们的生活和现实密不可分，不仅重塑了商业，也改变了我们传统认知中的审美范畴。数字化赋能的核心是效率，需要强调效率玩法，同时再造品牌—用户关系，新的商业模式也由此诞生，而未来尚有更多可能性等待探索。

需求链＝供应链：反向定制的量产时代

Demand Chain = Supply Chain: Mass Production Defined by Reverse Customization

文／孟幻

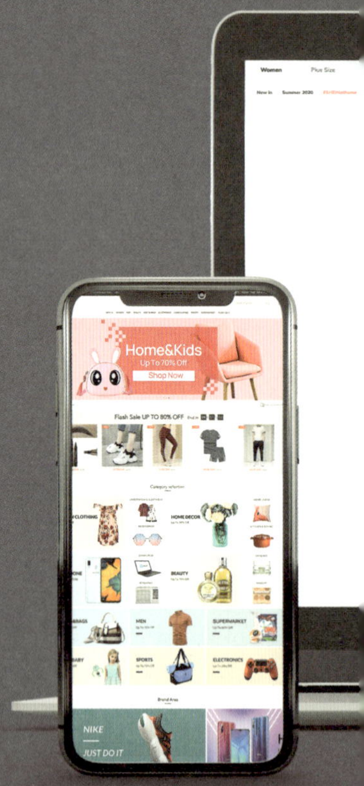

品牌连接的两端，是需求和供给、消费和生产。两端的沟通方式，在商业发展的不同阶段有着不同的面向和路径。物质匮乏时期的“奇货可居”，意味着供应端占据强势；互联网推动信息流通效率的提升，让需求方开始掌握选择的主动权，而移动互联网使“人”成为流量的中心。商业的数字化进程不断深入，所追求的无非是如何让供需两端无限接近。几代品牌的探索，也让这一问题的答案逐渐清晰。

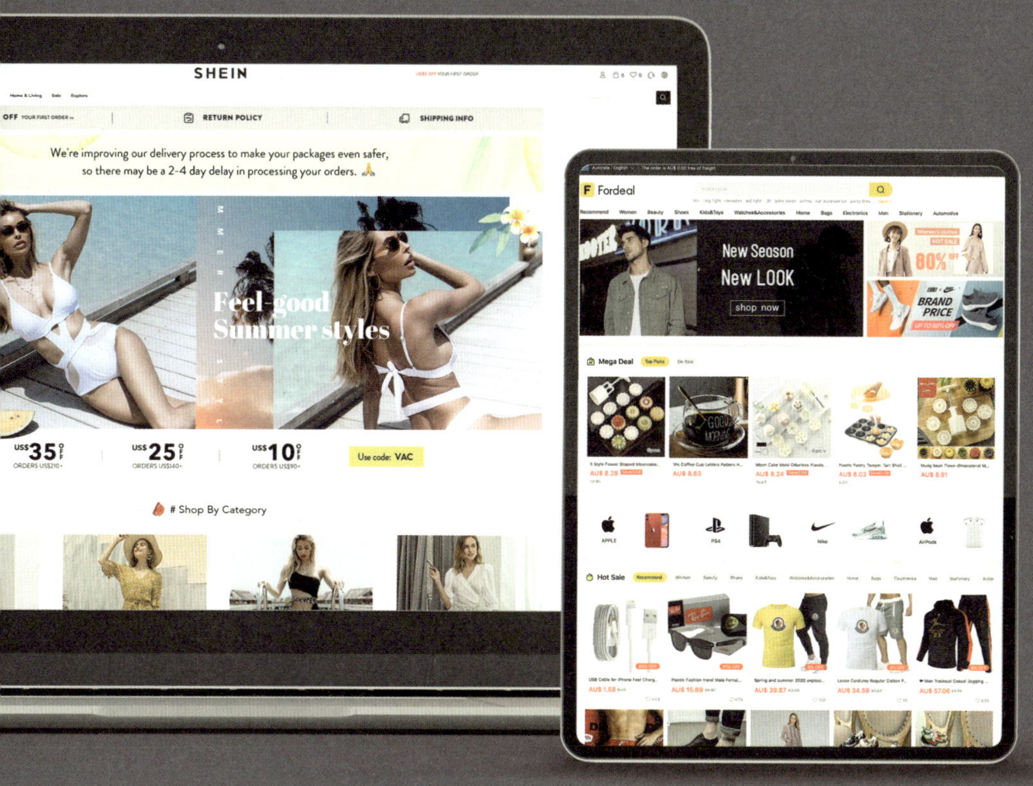

►以 SHEIN、Fordeal、Jollychic（执御）、Catike 等为代表的中国快时尚跨境电商品牌，以“中国式直接面对消费者模式”率先进化成新一代“供应链”品牌。
图片来源：SHEIN 官网、Fordeal 官网、Jollychic 官网

“规模效应、成本控制、响应速度”
是快时尚品牌黄金时代的关键词。

► 已经失效的一代快时尚品牌。图片来源：ZARA 官网

01

一代快时尚品牌的“科学故事”

从 20 世纪 80 年代开始，以西班牙 Inditex、美国 GAP、荷兰 C&A 等为代表的快时尚品牌“繁荣一代”,成为“时尚平民化”的重要推手。“快时尚”被《卫报》形象翻译为“McFashion”,意为像“麦当劳”一样便宜、快速、时髦，让追逐时尚但消费能力有限的年轻群体，得以无门槛和零时差地享受时尚。

在过去，一件时装从秀场、订货会再到门店陈列，往往需要几个月到半年的时间,而快时尚品牌将其缩短为两周,甚至每周更新。著名的“快速响应法”（QR）大幅提升服装业的制造效率，为品牌创造了从产品设计到上架仅需 7 天的纪录、每周两次全面更新款式的高频率，以及每年在 58 个国家近 1600 家商店售卖 3 万多个款式的超大体量。

对于这一代快时尚品牌的“科学故事”来说，规模效应、成本控制、响应速度是关键词，快时尚品牌也在进入 21 世纪后迎来了其发展的“黄金十年”。然而近几年,“库存之殇”成为制约快时尚品牌发展的“制动器”,各大品牌无一幸免，曾代表“科学精神”的精准模式也面临失效的局面。这背后固然有品牌扩张的失速、新一代电商品牌的冲击、线下业态的发展瓶颈等方方面面的原因，但回到最根本的问题，仍然是供需两端正在丧失有效的沟通方式。

02

关于供应链的“新故事”

与老一代快时尚品牌的江河日下不同，以SHEIN、Fordeal、Jollychic、Catike等为代表的中国快时尚跨境电商品牌，以“中国式直接面对消费者模式”率先完成了另一种突围。这些品牌依然以“Buy the latest trends”（SHEIN的品牌理念：购买最新的潮流）为价值主张，但其根基是中国成熟的制造业供应链。新一代“供应链品牌”的模式，是以柔性供应链架构全面覆盖产品设计、打版生产、跨境仓储系统整个流程，让产业链条可以短链到极致，让消费者和品牌方直接对话，实现7天从一个需求信号到货品上架的快速响应。同样的7天时间，背后却是截然不同的路径——不再依靠海量更新供给用户源源不断的选择，而是通过需求的直接准确传达实现精准的供给。

更极致的流程革命，来自特斯拉。

北京时间2020年3月10日，埃隆·马斯克在社交媒体上宣布“特斯拉第100万辆车下线”，曾一路激进的特斯拉终于从“量产魔咒”中突围。

当我们谈论特斯拉的量产时，真正关注的是新造车模式背后的“流程革命”，如何形成以用户为中心的迭代机制与体验刷新。“数字化的车”针对“数字化的人”，开始形成软硬件一体、随时升级的能力。这必然是根植于数字商业的大时代环境，而更重要的是，“人”真正站在了产业链条、商业链条的中心。

►特斯拉引以为傲的人机交互系统，形成以用户为中心的迭代机制与体验刷新。“数字化的车”针对的是“数字化的人”。
图片来源：推特 @elonmusk

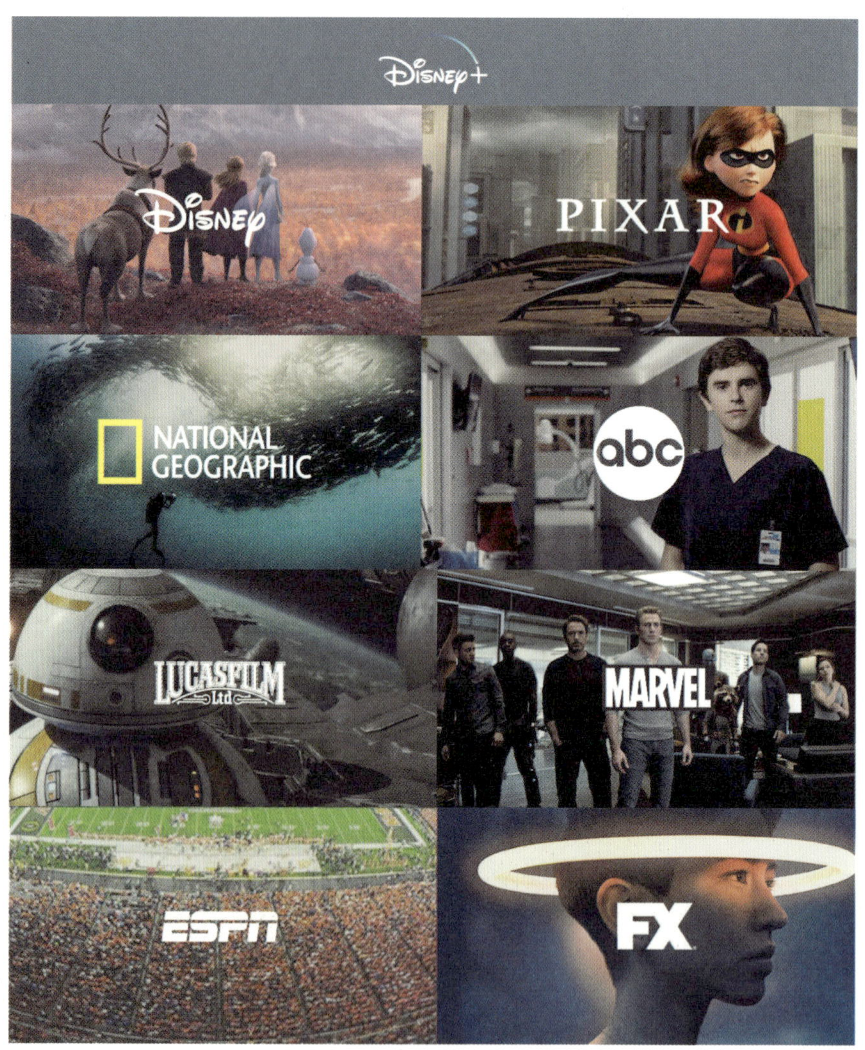

►2020 年 10 月，迪士尼宣布，为进一步推进直接面向消费者的战略，公司将把媒体业务集中到同一部门，全面启动流媒体战略。图片来源：Disney+ 官网

03

“量产”的意义

以特斯拉为例来理解供需互动的有效性，有助于理解我们已经进入“反向定制的量产时代”。达到“需求链 = 供应链”的理想状态，才意味着品牌的生命力和发展模式的可持续。

以奈飞为代表的流媒体平台的“付费订阅”，也是“量产时代”的模式代表。优质、原创、独家内容成为用户的付费订阅动机，订阅带来的“用户 — 平台”关系和自由体验，创造了与电视频道截然不同的交互方式。对于平台来说，在订阅带来的用户和现金流保障下，唯一重要的事情是如何持续、稳定产出用户喜欢的优质内容。需求链和供应链，在一种简洁的关系中，完成信任感的累进。

特斯拉和奈飞，都只是“量产时代”的一个剖面，它们帮助我们理解，“量产”意味着稳定、可预期的交付，以及契约的可靠性和用户的信任感。“量产”是包含着观念、算法、模式、审美在内的完整科学机制。

当然，归根结底，商业的价值创造始终以人为中心，数字化的温度也始终以人为中心。以“人”的需求为起点，重塑品牌的供应链、体验链和意义链，是写好一个故事的开头。

数字体验设计：流动性定义的体验革命

文／杜颖

Plan the Digital Experience: Revolution of Senses Brought by Mobility

当“数字化”从效率工具进化，开始渗入一个时代的生活方式，个体感知的“精准度”提升，带来对产品体验设计的全新要求。

01

数字审美

每个人的审美逻辑与感知体系，已经悄然发生契合数字时代的改变。

譬如，今天我们形容一个人的“人品”好，可能仅仅是因为他的微信可以“秒回”，在朋友圈和抖音经常与人互赞，这就是社交产品带给我们的“感知体系”。又譬如爱彼迎（Airbnb），它在某种意义上是一家“拍照公司”，这家爆红的公司一度步履维艰甚至濒临倒闭，直到添加拍照、修图、分享等一系列新功能后，情形才发生逆转——谁不愿意分享美的东西呢?

数字时代来临之前，我们的感受与情绪往往来自具象和直观的事物，表达与反馈是相对静止和单一的。数字化则给我们的体验带来了前所未有的流动性，在多元交互中迅速生成新的情绪锚点，新的审美需求也应运而生。

在这样的审美逻辑下，再去观察“B 站弹幕”和“快手带货”的情绪与交互，思考展览和数字艺术装置为打卡拍照所做的特别设计，就能理解当数字审美成为新的共情模式，这一模式如何与数字生活方式的迭代同频共振——正因如此，原本抽象化的个体细微情绪与感受，得以在诸多新场景下被即时、精确地捕捉和映射。

爱彼迎在某种意义上是一家“拍照公司”，这家爆红的公司一度步履维艰甚至濒临倒闭，直到添加拍照、修图、分享等一系列新功能后，情形才发生逆转——谁不愿意分享美的东西呢？

► 2019 年底开业的东京 SHIBUYA SCRAMBLE SQUARE，打造了日本最大的屋顶展望台，在涩谷人潮汹涌的十字路口上空 299 米，创建了一个“向内审视”的数字镜像世界。
图片来源：Shibuya Scramble Square PR

02

数字空间

数字生活方式成为空间体验设计的灵感来源。

当你看到新媒体艺术家里奥·维拉瑞尔用 LED 装置复活“莫奈的伦敦”——泰晤士河上灯光闪耀之时，你可能会理解现实与数字世界并非彼此隔绝，理解数字技术是如何通过“此时此刻”融入历史、地理、文化、社会习俗和审美习惯。这是数字技术通过在地化设计带来的空间刷新与改造，也是新的时代文明进化。

“数字空间”大规模渗透城市日常的消费与生活，审美的流动化、策展的社交化、设计的日常化，意味着每个空间、每个展览，都需要全新的数字体验设计，围绕人的交互，表现为业态的边界溶解。

2019 年底开业的东京 SHIBUYA SCRAMBLE SQUARE，打造了日本最大的屋顶展望台，在涩谷人潮汹涌的十字路口上空 299 米，创建了一个“向内审视”的数字镜像世界。该建筑通过近乎完美的屏幕装置，实现沉浸式的感官体验，唤起每个参观者对个体、时间与世界的新审视。

以“数字空间”响应人的“数字审美”，构建出一种审视个体与外在联系的体验场景。无可否认，这也是数字化为大众带来的感知与体验的普惠价值。

03

数字商业

数字体验设计所指向的流动性和参与感，正激发着“商业新物种”源源不断地生成。

譬如线下商业的“云化”——因为线上交易体验的高度成熟，一切门店皆可成为“买手店”，甚至成为供人参观的“公园”。喜茶 LAB 旗舰店、完美日记概念店、野兽派 GUBI HOUSE 等等，都是这种模式的典型代表。它们不再以售卖产品为线下门店的核心诉求，更重要的是让消费者在“打卡”和“到此一游”的过程中，充分地感受和理解品牌内涵，让体验成为消费者的社交内容。

而如果我们更大胆地去思考线下商业与数字技术的关系，在成熟的数字体验设计支撑下，线下空间又何尝不能成为“天然”的直播间？传统认知下的“导购”与“顾客”，转身成为数字生活方式语境下的“网红”与“粉丝”，“直播带货”也因此获得了时空延展。

数字体验设计的认知原点在于：对于个体而言，更精准的数字化表达和行为，其基础是新的思维和心智模型。而“数字化个体”对今天的商业脉络也在提出全新的考验——从“身份流动”与“情绪表达”、体验交互的友好和短链，到品牌叙事方式和商业模式的科学与普惠。

打造满足“数字生活方式”的体验设计，于企业而言不仅意味着抓住新商业机会和年轻消费人群，还是产品理念的“新接口”，更蕴藏着与以往截然不同的品牌设计方法。

► HARMAY 话梅北京旗舰店，在二楼有一处被幕布隔开的区域，其中透出的光线被完全隔绝，形成话梅的产品拍摄区。消费者可以亲眼见到该品牌的线上电商的图片从无到有的摄制过程。当你穿过两扇小门，置身店内，便成为了“被展示”的一部分。图片来源：HARMAY 话梅官网

专题三：

科学品牌的新商业伦理

从“如何使用数据”到“数据归谁所有”，从“企业的实验民主观”到“消费行为的透明化”，未来商业社会亟须以观念的匹配来建立品牌与消费者间的信任关系。可实验量化的决策与数字化工具加速的信息透明，都在吸引真正价值观契合的用户群体。“科学”将成为新商业的品类标签和符号。

实验和数据：如何推动科学性增长

文／罗建川

Test and Data
Promote Science-Based Growth

数据驱动的科学性增长——以横跨了信息学、统计学以及实务领域的新科学为基础的增长，能够在网络时代，帮助品牌创造强有力的基础架构以征服顾客。当数据驱动决策的思想开始在商业领域流行，越来越多的品牌开始注重实验数据。以互联网品牌为首，每天都在发生的改版与创新几乎都是一个又一个“A/B 测试”产生的结果。这些实验帮助品牌更好地了解自己的用户群体，也更好地了解自己。

2000 年，谷歌为了获知搜索结果页面应该展示多少条信息，进行了互联网上第一次“A/B 测试”。工程师们使用了在医药生物领域常见的随机对照实验：对两批不同的用户展示了不同的页面。

这次测试最终因为加载速度过慢而宣告失败，但是它为谷歌以及后来的互联网公司带来了新的启发。从焦点小组到终端反馈，数据一直是品牌业务增长的重要依据。但一直以来，数据都无法通过不受人为干预的科学方式转化成业务增长。“A/B 测试”的严谨性，使得它能够成为连接数据与业务增长的重要决策工具。于是，“A/B 测试”逐渐成为互联网乃至整个商业环境中最被重视的工具之一。

在互联网诞生之初，哈佛大学商学院教授肖莎娜·朱伯夫就强调了它的“回应性”（Reflexivity）特征：互联网带来的互动性，能够让人与政治性或经营性实体之间的关系发生根本性的改变。今天，收集和使用大数据技术的实现，催生了“数字民主”与“商业民主”这样的全新观念。

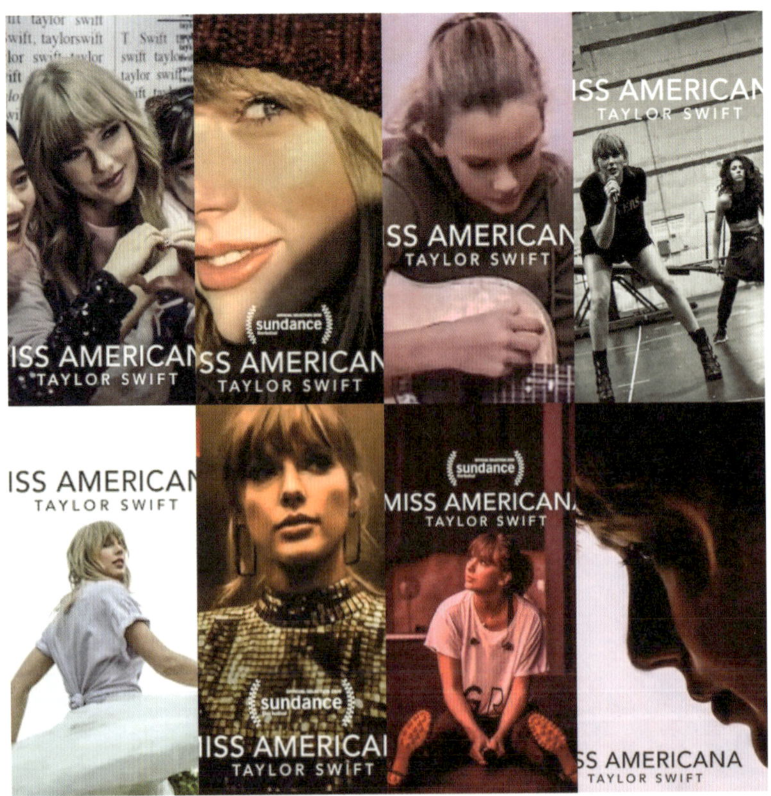

► 泰勒·斯威夫特的个人纪录片《美国甜心小姐》上线时，奈飞通过算法向不同的用户推送了不同的海报。图片来源：奈飞

01

用数据说话

在亚马逊网站，用户将商品添加到购物车时会看到下方推荐的相关产品。这个点子来自亚马逊的早期雇员格雷格·林登。他看到超市会在结账区域放置杂志与零食，于是向亚马逊当时的副总裁（VP）推荐增加这一功能。副总裁怕人们会因此而放弃结账,所以拒绝了这一想法。但在未经授权的“A/B 测试”之后，林登发现用户因为这样的推荐反而购买了比原计划更多的东西。最终，这一功能在亚马逊上线并延续至今。

林登用“HiPPOs”（Highest Paid Person’s Opinions，薪水最高的人的决策）来形容以拒绝他想法的副总裁为代表的人的决策。HiPPOs 实际上是对旧时代业务增长的描述：通过销售数字、用户调研等措施得到的数据，再加上管理层对行为科学的理解，最终形成决策。

而在数据时代，“A/B 测试”将业务增长模式逆转了：通过行为科学将用户分到一个又一个的“桶”里面，再对不同“桶”中的用户进行“A/B 测试”，最终形成商业决策。

“A/B 测试”无时无刻不在进行的一个公司是奈飞。每个变量下的用户首页都会出现不同的作品，甚至同一个作品，也会根据不同的变量生成不同的海报：同一个电影，喜欢香艳场面的用户会看到美女海报，而喜欢刺激场面的用户会看到海报上出现爆炸和枪炮——即便是出现在海报上的人与场景十分次要。

如今,用户随时随地都处于“A/B 测试”中。微软的搜索引擎 Bing(必应）每个月会上线 1000 个“A/B 测试”，而谷歌每年有 10 万个之多。

LinkedIn（领英）开发了能够同时运行 200 个“A/B 测试”的平台 XLNT，Facebook（脸谱网）则创造了 PlanOut 语言，让工程师能够将代码与测试分开。

但测试实验可应用的场景并非只有互联网。只要有清晰的路线与变量，不仅是线上内容的呈现方式，还包括实体产品从发货时应该采取什么样的包装方式，以及产品的市场策略，它都能够提供直观的结果。

2008 年美国金融危机时，快餐店的竞争日益激烈。一家赛百味特许经营店为了获得更好的收益，在周末将 1 英尺[①]的三明治价格降低为 5 美元。成倍增长的销售额弥补了下滑的利润，并帮助这家店成为区域内最受欢迎的快餐店。赛百味母公司注意到了这一情况，并开始在更多的店内试验这一促销方式。最终“5 美元 1 英尺”的活动在全美国的赛百味上线，并让赛百味在全美 1100 个快餐品牌之首的宝座上稳坐了两年。

同样是在 2008 年，当时的美国总统候选人贝拉克·奥巴马的团队将“A/B 测试”引入竞选过程中，最终帮助奥巴马成为美国总统。

测试提供的，是一个科学评估新功能或内容对客户行为的影响的方式：设定一个小型而合理的实验环境，将预设的决策在这一环境中实施。在这一流程中，决策结果能够通过科学量化的方法被预测，产品优化中每一处改动都经过了精确科学的衡量。

①1 英尺 =0.3048 米。——编者注

图片来源：AFP – TIMOTHY A. CLARY

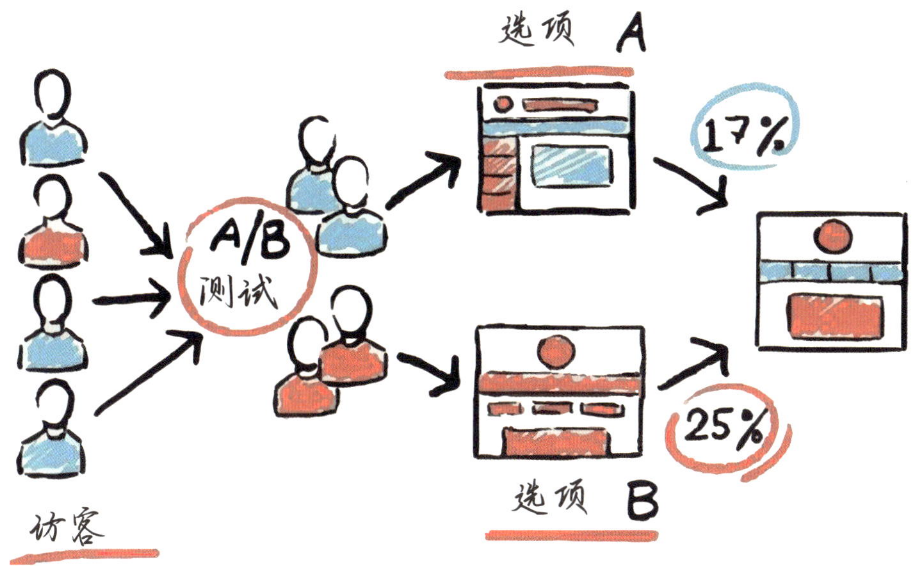

► 从商业领域到政治领域，“A/B 测试”都成为最被重视的工具之一。图片来源：https://act-on.com

02

成功的增长来源于数据，但不仅是数据

当然，并非每一次测试实验都会带来增长，互联网公司进行的“A/B测试”中，最终被证明有效的大约只有1/3。

测试实验本质上只是决策链条上的一个科学验证工具。它也有着非常多的限制条件：不同的用户数量、变量、测试时间，会为实验带来不同的结果。测试并不能提供用户行为的具体细节，测试结果也仅能显示被测试选项的情况。它只能揭示现象，不能反映原因。测试文化如今成为一种惯性，但其真实的有效性是接下来要思考的问题。科学增长的根本路径，应该是基于优化指标提出合理的增长假设，反推形成测试系统。

爱彼迎这家公司从成立以来，优化指标一直都是提高现有物业出租率。工程师从不同的层面提出优化指标，一些是基于现有数据而引发的实验，例如“给你的好友赠送25美元的旅行经费”比“邀请好友可以获得25美元”更能够吸引用户；而有一些则更像是午饭时讨论出的点子，例如“游客们可能会被更专业的照片吸引”。事实证明，正是“照片策略”在关键时刻拯救了爱彼迎，“拍照打卡体验服务”使其成为一家名副其实的“拍照公司”。

2010年开始的新一轮移动互联网爆发热潮已经逐渐平息，野蛮生长的“增速时代”也被精细化运营的“存量时代”所取代。在疫情尚未结束、经济增速放缓的当下，测试实验优化所代表的，是基于数据的量化决策和精细化组织管理企业的科学理念，这也许是新型增长模式的起点。

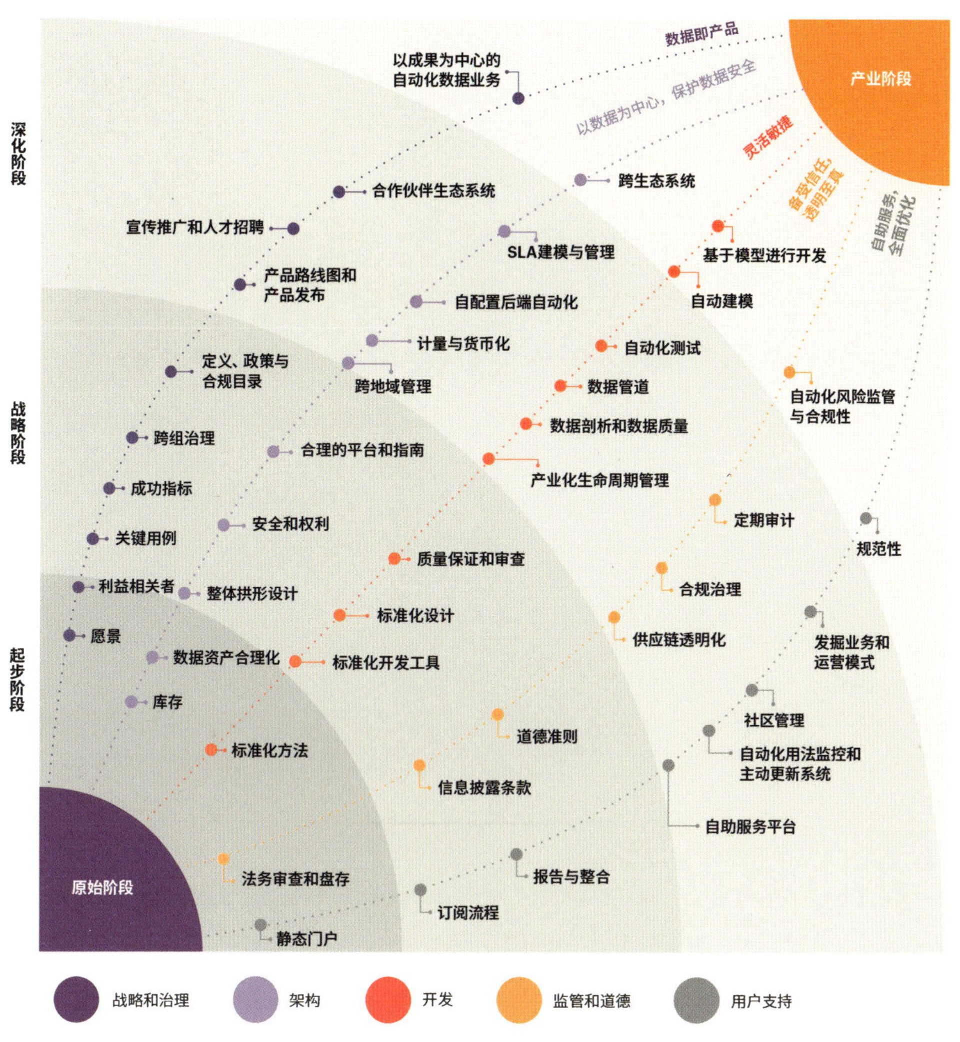

► 埃森哲数据成熟度模型，为衡量和打造数据驱动型企业制定标准。
图片来源：《打造数据驱动型企业，实现数据产业化》—— 埃森哲技术研究院

『知情』的价值

文／王惠

The Significance of Being Informed

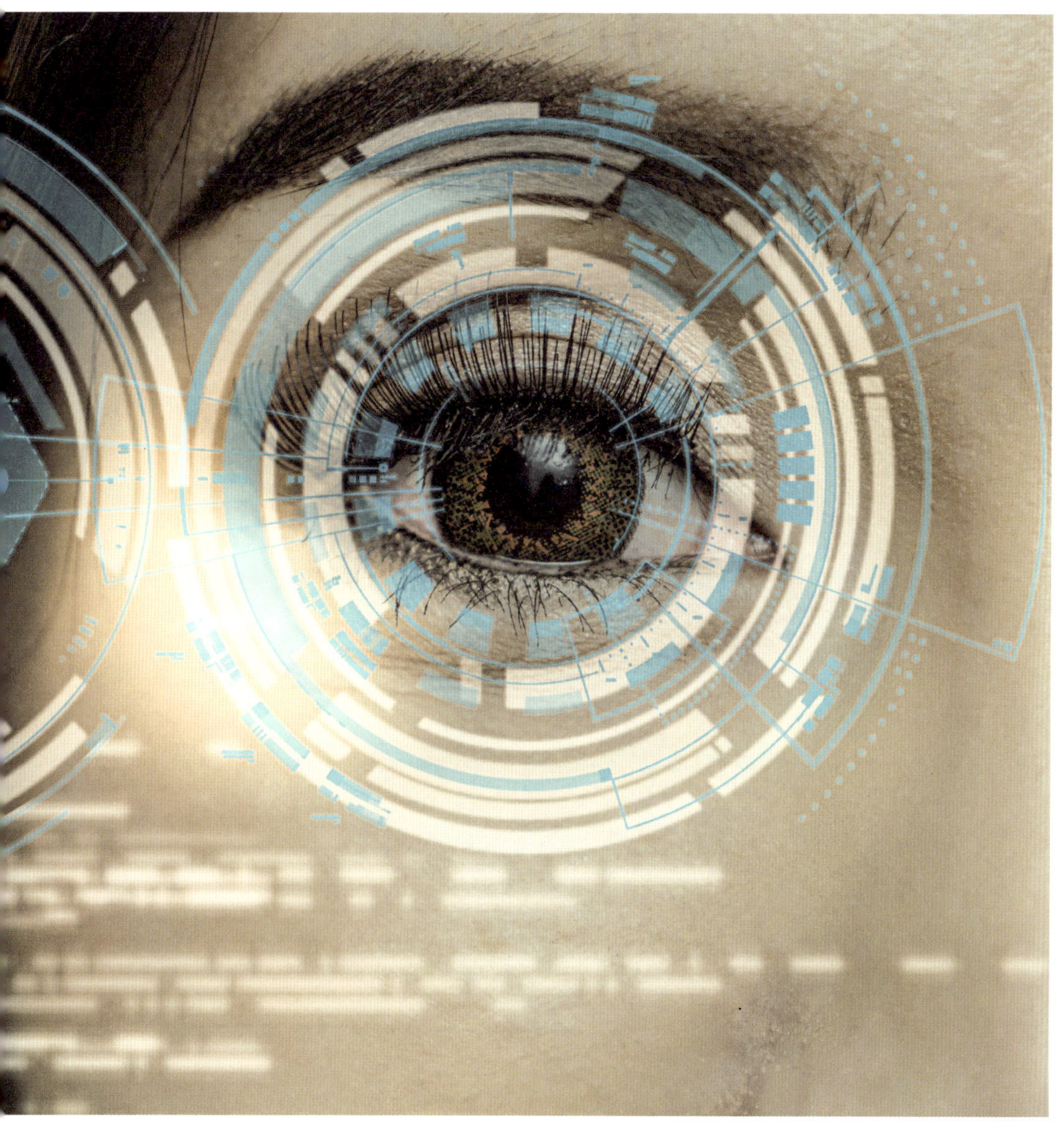

数字时代的日新月异不仅表现在技术和商业，更隐藏在每个个体的变化之中——那些隐秘又自然发生的认知和观念变化，正被数字化工具裹挟的海量信息所加速：我们一边从物理空间和虚拟网络中获取各种各样的信息，一边筛选出匹配自身需求和价值观念的要件，以构筑属于自己的独一无二的生活。

“消费者享有知悉其购买、使用的商品或者接受的服务的真实情况的权利”——作为消费者九大基本权利之一的“知情权”曾是悬在商家头上的“达摩克利斯之剑”。时至今日，随着供需关系的改变，消费者的知情权被不断释放，电商平台和社交网络崛起加速了商家与消费者的信息对称的实现，推进了商业信息化的平权。

从有什么买什么的被动接受，到货比三家的有限选择，再到面对电商平台的海量挑选，消费者的选择边界被拓宽，具有更多凭借个人喜好选择的机会。而正如马斯洛的需求理论所言，当物质需求被满足后，我们正在追求更高层次的精神需求满足。数字化工具让这种更高层次的精神追求更有可能实现，于商业而言，这种通过信息透明来传递品牌价值的方式，正在深刻地影响商业范式。

► TrustArc 是一家位于美国加州的隐私合规科技公司，主要为企业提供隐私合规相关的软件或服务，帮助企业建立和完善隐私合规的相应隐私管理流程，使其符合不同的法律法规的要求。
图片来源：TrustArc 官网

01

观念匹配

为兴趣买单、为“爱豆”“打 call”、环保消费、社交平台的自我表达……选择本身成为个体价值主张的表达途径，个体在选择中寻找精神共鸣。越来越多样化的消费方式和圈层社交，反映的是价值观念的匹配。

“80 后”“90 后”“Z 世代”“小镇青年”……我们越来越习惯于给人群贴上标签，这些标签背后代表的是某类群体的价值观念、行为模式和生活方式。数字化工具承载的海量信息传达，让消费选择不必趋同：关注健康的消费者选择无糖饮料，重视环保的消费者选择可回收材料制作的球鞋……对于消费者而言，重要的是个体精神是否被彰显，情感是否被满足。

洗手液的清洁原理、益生菌的免疫机制、健康水的成分功效……商家通过主动的“自我暴露”，试图让用户更加了解和理解品牌，寻求认同品牌的消费人群，以建立持久稳定的信任关系。而消费者在拥有海量信息的同时，也必须具备更强的辨别能力。仅凭精心包装的广告语和故事越来越难以打动消费者，更清楚、真实、具体的信息而非模糊的概念性表达，才能成为消费者评价产品是否匹配自身价值观念的依据。

Allbirds（欧布斯）公布每只鞋的标签，其内容包括追溯原材料提取过程，计算生产过程中产生多少千克二氧化碳，让消费者了解每双鞋的“碳足迹”。这种新的品牌叙事方式打破了商家介绍商品的传统方式，代之以科学、可视化的流程和数据，传达商品信息的过程本身成为一个完整的科普过程，品牌的价值理念也在这一过程中得到有效传达。

▶ Allbirds 通过追溯每一双鞋的“碳足迹”信息，为消费者呈现完整的科普过程。图片来源：Allbirds 官网

什么是“碳足迹”？

我们的“碳足迹”是指我们生产的产品所排放的二氧化碳当量，也就是以千克作为基本单位来度量二氧化碳当量。这表示，我们将统计所有产品生产过程中产生的温室气体总量并将其转化为二氧化碳当量来衡量对环境的影响。

如何衡量我们的“碳足迹”？

我们所有产品的平均“碳足迹”为 7.6 千克二氧化碳当量。如果没有上下文，这些数字并不能说清所有问题。7.6 千克二氧化碳当量排放量相当于：驾车行驶 19 英里①；在烘干机中烘干 5 筒衣物；制作 22 条巧克力棒。

衡量

我们从溯源材料开始，尽可能将合成材料替换成天然可再生的材料。同时，我们也在密切追踪产品制作过程中所消耗的能源。我们还把使用情况也考虑在内——鉴于我们的产品是可机洗的，所以洗衣机的耗能也加入了计算公式。

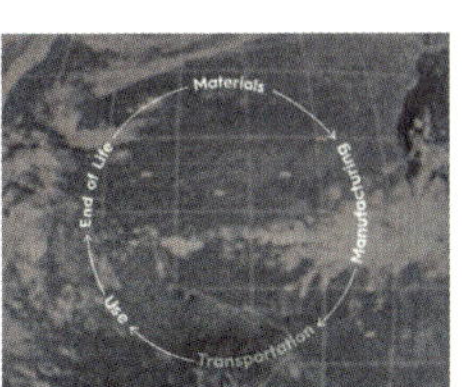

改变

我们的信念是要像树的光合作用一样，通过自身让环境变得更好。因此我们相信自然材料的力量，以及它们改变生态系统的潜能。我们的愿景比“碳中和”的目标更远大，最终我们的企业会通过自身行为让环境变得更好。

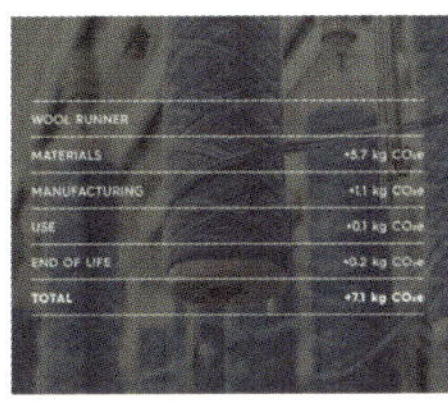

我们的“碳足迹”

我们的“碳足迹”，即在每件 Allbirds 的产品实现“碳中和”之前，该产品所产生的二氧化碳当量总量。我们将这个数字向全世界展示，就像食品包装上的营养成分标签一样。因为了解我们的“碳足迹”，是迈向零碳未来的第一步。

抵消

我们正努力将碳排放量降至零，我们相信，包括我们在内的所有企业实际上都应当对自身的环境影响负责。因此，在达成零碳排放目标之前，我们会对自己所排放的碳征税，并将其投资于碳补偿项目，以中和我们的“碳足迹”。

①1 英里 =1609.344 米。——编者注

> “知情”对于品牌和消费者有着双重价值，
> 品牌以科学、真实、可信的信息，
> 吸引聚拢真正价值契合的用户群体，
> 数字化工具提升了这种信息的透明化程度，
> 并逐渐细分出更专业化的工具。

“透明厨房”不仅是“透明的厨房”，更通过在后厨安装高清远程监控摄像设备，实现对餐饮企业后厨的实时监控和定点视频调拨等功能，向消费者展示真实的厨房状况，让食品的安全卫生看得见。
图片来源：https://unsplash.com

02

信任与深度连接

消费行为从“灰箱”到“透明”，是代际人群消费趋向理性的变化，也是数字工具带来的可能性实现。系统数字化之下，从研发、设计到生产、销售的每一步，都会被记录下来，借助数据可视化工具，所有环节得以被实时呈现和分析，“透明”真正成为商业模式中的一环。这种变化也正在潜移默化地影响我们的日常生活，外卖的流程透明在疫情期间格外凸显：从餐厅消毒时间到厨师和骑手的体温都有详细记录，以满足消费者对食品健康安全的需求。

“知情”是我们认识世界、社会、他人的基础，我们希望每一次选择都基于更翔实和准确的信息。“知情”对于品牌和消费者有着双重价值，品牌以科学、真实、可信的信息，吸引聚拢真正价值契合的用户群体，数字化工具提升了这种信息的透明化程度，并逐渐细分出更专业化的工具。产品功能、原材料、成分甚至供应链的透明化，让“个人喜好”这一因素在购买决策中变得具体而真实。“知情”不再仅是连接用户的手段，更是商业模式本身的支撑。

信任的珍贵在于稀缺，一直以来，关于“隐私与许可”的讨论都与数字化相伴相生。个人数据被收集的问题在数字设备普及中似乎不可避免，但当我们的每一次消费行为都在商家眼中无所遁形，我们仍希望可以对此知情，并对自身数据的使用有所选择。

所有这些行为，最终指向的是以观念匹配而建立的信任关系，是在日常生活中的持续连接与交互。每个人都应更具有选择自己生活的权利和能力，数字化工具在不断帮助我们认识世界的同时，也在帮助我们向外传达自己，在相同价值观念指引下与社会和他人建立持久和深度的连接。

打破惯性，科学品牌的下一步可能

Break the Mold Future of Scientific Brand

吴声
场景实验室创始人，
“LAUNCH 首发”联合出品人

吴伯凡
商业思想家，伯凡时间创始人，
“LAUNCH 首发”观念主理人

INTRA

观念的传达不应急促，认知的寸进需要耐心。作为“LAUNCH首发”的重点栏目，《观念对谈》更专注于认知的启发，而非对行动的具体建议。

本期《观念对谈》围绕“关于科学品牌的真伪命题”展开，特别邀请见证了“LAUNCH 首发”“从 0 到 1”的吴伯凡老师和李翔老师作为嘉宾。我们期待以深入的观点碰撞，更接近“科学品牌”的观念本质。

李翔

财经作家，得到 APP 总编辑，“LAUNCH 首发”联合出品人

01

谈“科学品牌”：要与运气竞争

吴声：感谢吴伯凡老师与李翔老师来到“LAUNCH 首发”关于“科学品牌”的对话现场。其实“科学品牌”这个词听起来非常简单，但在大数据盛行的今天来理解何为“科学”，还是需要先给出准确描述。伯凡老师，请问您怎么理解这期 MOOK（杂志书）的主题?

吴伯凡：从这个维度讲，以前的品牌比较粗放，靠运气。克莱顿·克里斯坦森的《与运气竞争》就在说，很多“爆款”、火起来的品牌，都源于一次运气，他们并不知道自己哪里做对或做错了。广告领域就更是这样，总有一半资源浪费，但不知道是哪一半。所以今天的品牌要与运气竞争，就不要将“爆款”诞生的希望寄托于运气，而是“操之在我”。在这个意义上“科学品牌”就是与运气竞争，其经营策略基于实证数据而非随机性，是一种实证理性的表现。

吴声：那你觉得近几年看到的哪些品牌带有这样的气质和属性?

吴伯凡：过去做品牌都是多点轰炸，人是受词语的魔咒影响的。打个比方：有的人晕车，却不知道有“晕车”这个词，这些人偶尔坐车难受，很快也就过去了。但自从知道晕车的概念后，坐车时稍微有不舒服的感觉他们就立即表示“我晕车了”。很多品牌在某种程度上就是这样，引导和强化你的感觉，你也不能说它是在撒谎。一个词语或概念一旦形成，就像宇宙中的某个天体，以其引力不断吸附周围的物质，大者恒大。品牌以巨大的引力，作用于你的感官。

吴声：如果品牌还是沉迷一种中心化的氛围渲染，一种心理暗示，那么它还会遭遇新的“词语魔咒”。而科学品牌则是在实证理性的基础上，以数据的标签给品牌带来新的吸引力。

吴伯凡：是这样的。现在许多品牌，自己都不知道自己是“品牌”。具有相同爱好与趣味的人，不知道什么原因就走到一起了。品牌不就是要很多人共同认可一个符号吗？这一点在“哔哩哔哩”是非常明显的:《我在故宫修文物》在央视播出的收视率低到可以忽略不计，而在哔哩哔哩播放后却迅速走红，这是因为一群喜欢纪录片的人已经在哔哩哔哩聚集了。一群“气味相投”的人在那里，如果一个人喜欢，就意味着更多人已经潜在喜欢了。只要东西一拿过来，大家瞬间就会认可。以前是树立一个品牌、Logo（标识）,想方设法让人认可；现在是被认可在先,然后再入局。品牌的本质,变成一种共识性的社区,从过去“一点对多点”的广播模式,到现在“多点对多点”的自由人联合。这个汇集而成的“部落”叫哔哩哔哩还是其他，都可以。

吴声：几年前你讲“部落化”，从早期没有品牌到有品牌，是认知的“部落化”。那么现在中心化被自下而上所取代，可以理解为“再部落化”。

吴伯凡：过去的品牌有点像栽树,一棵树栽在某个地方。现在有个词叫“土生土长”。最近我家院子里忽然长出一棵小松树，我觉得太好了，用不着我自己去安排,它就“土生土长”出来了。现在大量品牌自下而上地生长,其实就是“土生土长”。

吴声：总结一下,科学品牌的特点是：第一是效率很高,第二是链条很短,第三是整个过程水到渠成、自然而然。品牌不再需要“十年磨一剑”了。今天的品牌，不仅要让消费者放下怀疑、选择信任，更要让他们主动拥抱。记得伯凡老师曾经说,品牌建设已经到了对于数据本身的占据的阶段,品牌可以通过数据快速地了解消费者,当机立断。这样一种所谓“读心术”,它的识别能力建立在“数据资本”的基础上，因而变得更快速、更有效,也更加无影无形。问题来了：这是否意味着今天的科学品牌，就一定要建立在数字化的基础之上？我们经常讲因果关系,“凡夫畏果,菩萨畏因”。数字化到底是科学品牌产生的重要原因，还是一种结果？科学品牌是否正是数字化不断深入后的结果？

吴伯凡：是的，如果说品牌归根结底是一个认知共同体、有共同趣味之人的联合体，那么问题就在于你通过怎样的方式“到达”大家？过去的方式速度慢、成本高，而现在品牌“到达”用户的一个重要特点是建立在大量数据基础之上，形成了某些算法，或者说某些“套路”。

吴声：当你发现信息流越来越“懂”你，这一结果就是基于大量的标签而实现的。科学品牌的机制就是基于大量的数据建模而形成的一种算法模型。

吴伯凡：这就是数据生成的智能，叫作“由B到A”，从大数据（Big Data）到人工智能（AI）的过程。就像识别骨折拍片，过去都是在照相室，其中工作时间越长的人越可信。因为这些人长期在照相室工作，积累了丰富的经验，能够一眼识别那些很难识别的片子。他们的经验，实际是建立在大量数据与实证基础上的。

吴声：刚才你多次强调了“认知共同体”，如果要下一个“科学品牌”的定义，你的答案是？

吴伯凡：数据资本之上形成的智能。

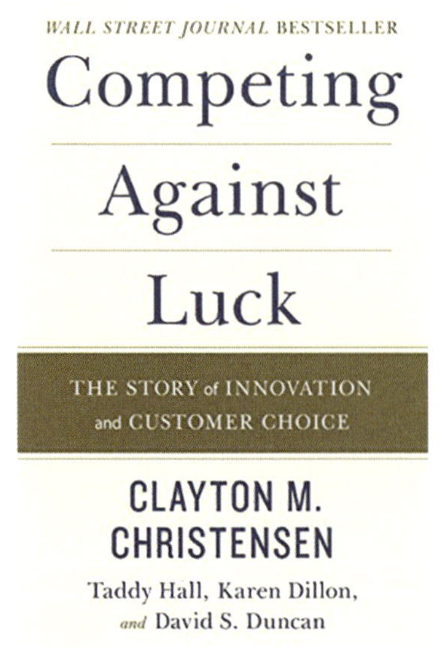

► 克莱顿·克里斯坦森的两本著作：《与运气竞争：关于创新与用户选择》和《创新者的窘境：领先企业如何被新兴企业颠覆？》。

02

谈品牌打造：以顺应的方式刻意塑造

吴声：关于科学品牌这个话题我也想进一步问一下李翔老师。刚才吴伯凡老师提到，今天的品牌变成了一种认知的共同体。你怎么定义“科学品牌”，它到底是一个真命题还是伪命题？

李翔：举个例子。比如在农业时代，产品的生产方式和传播方式，都是符合那个时代的“土生土长”的生长方式——后院种菜，村口支摊儿，通过村民的口碑传播招揽顾客。到了工业时代，类似福特公司的大规模制造、流水线生产成为主流。品牌塑造伴随产品制造方式的改变而发生转变，各公司在报纸、广播、电视上投广告，形成我们说的中心化的自上而下的品牌建设机制。当今时代也是如此，柔性制造等很多新的产品制造方式的出现，也决定了品牌打造方式的相应变化，形成更多基于数据、人群的更精准的手段。

吴声：在过去几年中，基于你讲的品牌打造新方法，有没有让你印象比较深刻的科学品牌？

李翔：比如特斯拉就是产品制造方式变化带来品牌塑造方式变化的典型案例。比如关于是否投放广告的问题，他们甚至需要专门开董事会来讨论。因为这样的公司基本是不会投广告的，他们所有的品牌塑造全都来自自己。公司的新动作和产品的重大迭代，都可以由创始人的各种社交媒体来传达。

吴声：你刚才也提到了创始人的因素。假如把特斯拉作为科学品牌来理解的话，这一因素到底是一种偶然性，还是必然性？

李翔：必然性。因为在特斯拉之外，还出现了很多“小特斯拉”，通过同样的方式不断塑造品牌。比如现在一个高端餐厅，很难再沿用大型连锁的方式去推广，因为“产品制造方式”发生变化，与此同时品牌塑造方式也要变化。通过打造所谓“流量产品”或者“网红产品”，引发社交网络的自发传播，形成品牌的影响力，是现今品牌塑造的主要方式。同时因为产品力非常强，也获得餐饮界的普遍认可。

吴声：所以你觉得对于一个科学品牌，“是否建立在数字化之上”并不是一个问题。

李翔：数字化可能是一个必要条件，但有两种理解：一是像特斯拉那样采用全新的流程；二是像餐厅的例子，借助新的平台、新的技术手段，不断强化自己的品牌。或者一个已有的品牌，借助数据能力精准抵达本来就需要它的用户。

吴声：李翔老师提到的营销层面的变化，放在以往其实很难想象。是否投放广告需要董事会讨论，说明游戏规则正在发生变化。我们看到有各种基于 Facebook（脸谱网）或者 Instagram（照片墙）的 DTC（直接面对用户的品牌建立方式）品牌，大家怎么进一步定义品牌塑造方式的变化？

吴伯凡：直指人心。就像禅宗的主张，“不立文字，直指人心”。

吴声：所以它的效率特别高，链路特别短。短链路的一个代表，就是近两年如火如荼的直播电商。我们不去谈“直播带货”，单说直播本身是不是建立一个品牌的好方式？

吴伯凡：直播是一种“返祖现象”，是对于电视购物的“返祖”，就是数字时代的“电视购物”。区别只在于电视频道是相对稀缺的，而直播平台并不稀缺，每个人都可以去推荐，用的方法基本差不多。主播虽然看上去仍旧是“高高在上”的，但他或她尽可能跟你套近乎，尽可能将自己扮演为你的同类人。

吴声：让你觉得你也可以成为薇娅，成为李佳琦。

吴伯凡：过去的明星代言的方式，类似微缩版的直播带货，只不过时间、频道资源太稀缺，只有十几秒，“货架”太少了。今天的频道资源可以无限延伸，所以直播形态可以是一播几个小时。

► 大量 DTC（直接面对用户的品牌建立方式）品牌正在革新零售和消费品领域。
图片来源：TomboyX 官网、Glossier. 官网、Soylent 官网

吴声：我突然发现，是不是表面上我们认为它效率很高，但其实是因为它无处不在，这样一种“万有引力”属性带来了误判。

吴伯凡：比如淘宝成就了薇娅、李佳琦等等，类似在内部建立了一个“央视频道”，是个联合游戏。过去的状态更接近正态分布，虽然也有引流，但相对比较均衡。现在有了“央视频道”，大家的注意力更加聚焦。其实总体上可能并没有增量，但联合游戏的这一边就变得更加“门庭若市”。

吴声：伯凡老师讲的“返祖现象”，其实对直播电商有种隐喻的评价。我的理解就是不能陷入盲目的“造神运动”，评价的标准应该是有没有创造价值增量。

吴伯凡：直播电商很多时候更接近于瞬时性、过期作废的一种“催眠”。很多东西销售后退货率是非常高的。这与我们说的品牌恰恰是相反的，品牌就是认可，认可到什么程度？“无怨无悔”“执迷不悟”。花钱难买乐意，明明这个东西贵，但他就是要买，这就是品牌的力量。我以前讲过一个例子：初次购车和第二次、第三次购车的人，品牌诉求是完全不一样的。初次购车基本按照大众标准——热度、参数。但第二次、第三次购车，更多的是 attachment（品牌黏性），是被吸引的。

吴声：这是一个鸿沟，大部分品牌难以完成这种逾越。李翔老师怎么理解这个过程？科学品牌最终会是怎样的态势，是越来越多“成分党”，越来越多理性营销，还是说越来越多相吸相依？

李翔：我觉得这些都是方向。“成分党”其实代表的是产品的新生产方式：成分是公开透明的，原材料都是可溯源的，产品是如何加工制造出来甚至是谁经手制作的都有据可查。比如你可以想象有一天你买一个 iPhone，打开真的可以看到 iPhone“微笑女孩”，整个链条是非常透明的。

吴声：供应链透明。

李翔：在过去的工业时代或者大众媒体时代，你无法衡量所有塑造品牌的手段。今天的数据采集能力带来了衡量的方法，你知道如何让品牌塑造效率更高。它们其实是同时存在的。包括直播电商，我倒觉得它其实是很正常的一个现象，因为每一次有内容平台或者人群聚集方式的变化发生，都会有相应的产物。当然直播电商因为发展的时间还比较短，难以去预测它未来的路径。但之前无论是报纸还是电台、电视的出现，都会塑造相应的新物种形态。一旦有新的人群聚集和注意力捕获平台出现了，都有可能长出新类型的品牌，其传播效率会更高。

吴声：李翔老师刚才讲到新的人群的注意力捕获，这恰恰就回到我们讲品牌的一个重要参数——用户关系。可不可以这样理解：用户新的消费方式以及资讯获取、社群联系的方式，都被技术、数字改造而进化。

李翔：彼此都在进化。品牌驯化用户，用户也在驯化品牌，让它们再来驯化你。

吴声：关于用户的进化，在科学品牌建立过程中，刚才伯凡老师和李翔老师都提到，非常典型的变化是去中心化、自下而上、分布式崛起的形态。那么再进一步展望未来，用户在品牌构成中扮演的角色，应该怎样去衡量？假如我们今天要做一个科学品牌，最关心的关键点，应该就是用户在其中扮演的角色。

吴伯凡：以前我会用八个字来勉励自己：心怀念想，静承天命。所谓“自下而上”，就是自由人的自由联合，不断形成新的部落。原来家族也是一个“部落”，现在打开一个家庭群，观念也分化得很厉害。所以品牌作为一个认知共同体，是一个基本语境，你要去“入乡随俗”，实际上是“入部落随俗”。

吴声：相当于要找到那种语境。

吴伯凡：是的，要找到那个东西，如果不相符，说得再好也没用。所有品牌都有自己的“乡”，不过有的大，有的小。而如今，再大的品牌也不可能得到所有人的认可，全天下人都认可某一品牌的时代，肯定不再有了。某一群人津津乐道的东西，都可能有另一群人会不屑一顾。

吴声：彼之蜜糖，我之砒霜。

吴伯凡：所以今天塑造品牌的方式，应该是以顺应的方式刻意地塑造。

03

谈品牌价值：惯性时代已经过去

吴声：许多公司今天对于做品牌都有很大的困惑。我想问李翔老师，你认为“科学品牌”对于企业组织层有怎样的新要求？是应该更加相信数据的决策，还是更加相信创始人精神？是更加相信用户驱动的力量，还是相信新的平台？

李翔：到了今天，每个人都知道应该将数据作为品牌制造、投放的决策依据。接着我刚才聊的“餐厅”的话题，前几年餐饮业特别热衷于“供应链”“中央厨房”等等。“标准化”肯定是很重要的,但是其实“标准化”后的进一步量化，是个因人而异的过程。因为极端的数据化或者标准化，不适用于那些品质感非常强的餐厅，对品牌也是同样的道理。

吴声：其实我特别想提一个品牌，在 2019 年全球很多机构和媒体的调研里，它的声誉增速是最快的。这家公司叫露露乐蒙，其表现一骑绝尘。很多人觉得露露乐蒙定义了一种生活方式，让瑜伽成为生活方式的新品类是它给用户的感受，包括其市值表现，全面超越安德玛。好像露露乐蒙是这个时代的品牌，而安德玛不是了。中间不过短短四五年的时间，为什么会发生这种变化？ 从用户的角度，我感觉露露乐蒙就是一种自下而上的模式。

吴伯凡：所谓自上而下其实就意味着有很强的操纵性。比如体育品牌赞助，过去是谁有钱赞助，谁的品牌价值就会提高，而今天是突然之间自下而上的崛起。

吴声：“春姑娘”一来，万物的形态都重新被定义了。

吴伯凡：对，我们过去说，“春姑娘”一来，春天就来了，好像是“春姑娘”把春天造出来的。实际上是“春姑娘”一来，万物就自己起来了。很多品牌不是突然冒出来的。

吴声：就好像“完美日记”，按照原来的品牌打造方式去理解，你会发现很多地方都是拧巴的。

吴伯凡：因为它已经在那儿了。市场已经出现了某种变化，但你自己不知道。

吴声：你不知道这个变化，但其实它已经发生了。

吴伯凡：农历二十四节气里的惊蛰，“蛰”就是“蛰伏”。这个品牌中存在没有显化的部分，把“蛰伏”在市场里的东西一下子唤醒了。

吴声：你刚才这个比喻非常形象，可不可以这样理解：数据不断地以指数级的速度增长，最终涌现出某种新的现象。那么“忽如一夜春风来”，背后为什么“千树万树梨花开”？

吴伯凡：这个问题像天气预报一样：就算数据技术这么发达，天气预报仍然是非常难，因为要素太多、变量太大，用巨型计算机、超级计算机来算,还是有误差。实际上,一个品牌对于未来的用户要做到“善解人意”，跟天气预报一样，需要“算力”特别强，数据量也得足够大。

吴声：数据量特别大，处理能力还要特别强。

吴伯凡：对,这只是生产力,但品牌还需要竞争力。数据智能属于生产力，是通用的。但竞争力是另外一回事，你用、我用、大家用，最后的效果不一样。所谓竞争力，就是做同一件事情，你的效率更高，形成显而易见的优势。

因为“赢家通吃”的市场规律，优势品牌的力量会特别大，一旦获得优势就不可逆转。在短期内看，今天的品牌跟过去的品牌还有一个差别：它的持续时间会越来越短。所以现在我更愿意用“声誉”来表述这一现象。它们的差别在哪里？其实就类似于商品的定价和股价：股价每天的变化很大、很敏感；而定价在很长一段时间内是不变的。品牌是个很感性的东西，所以它的价值会像股价一样在一夜之间变化。但传统的品牌价值不一样，有的品牌实际上已经没有多少竞争力了，但是很多人仍然认为它是一个品牌。这是一种惯性，过去的品牌是有惯性的。

04

谈品牌生存：成为直指人心的暗号

吴伯凡：我过去说，大数据在很多时候跟巫术是很相似的，只关心相关性，而不关心因果关系。实际上，今天它又跟巫术很不一样。许多东西在科学技术上已经没有问题，但是你得考虑人们对它的认知是什么，偏好、购买力如何，等等。这些因素的权重如何分配，不是数据本身能够帮你解决的。说到底，品牌的认知应该是一种“全面的认知”，拥有这种认知才可能做到“善解人意”。

吴声：也就是说，科学品牌能够成为一个“善解人意”的品类标签和符号。

吴伯凡：品牌的“科学”会表现在更多的维度、更高的“像素”。这当然需要依靠数据，但比数据还要重要的因素有3个：优化的算法，还有对资源的解析提炼能力和它的应用场景。数据本质上是“石油”，在人类没有发明炼油技术前，石油在很长一段时间里只是石头缝里冒出来的毫无用处的液体。这几个要素都到位才能够让数据发挥最大作用。

吴声：所以表面上我们在讲露露乐蒙的变化，其实是在讲数据的多维度和“高像素”，以及数据提炼过程中应用场景的形成。这种认知是不是足够广谱，能否成为更多人的一种共识和联合，决定了它是否能成为一种新的生活方式。露露乐蒙提供的不仅仅是瑜伽、拳击、跆拳道或者冥想相关的产品和服务，在用户的心智、行为、消费等多个维度上，它与用户达成了共情或者共识。所以说品牌的本质暗含着3个要素：第一是一种“气味”，若有若无，难以描述；第二是一种氛围，划定边界的氛围；第三，它是一种暗号。

吴伯凡：它是很微妙的那种“气味”，一下子就能被具有相同“气味”的人识别。它有那种若有若无的精神气质，在确定性和不确定性之间，可以说是“着意闻时不肯香，香在无心处”。

吴声："气味"和品牌之间有很强的同构性。所以李翔老师，你如何看待科学品牌的下一步？是基于数据本身的生产，还是更加人格化、社群化？

李翔：我觉得有两种。一种像优衣库、可口可乐、耐克这样的品牌，会借助新的数据、工具实现高效率，让它的规模继续扩大，大者恒大。另一种是基于人群或者社群划分出来的品牌。它的魅力在于，如果你真的投入时间和精力甚至情感，你会发现它的深度，会更容易产生情感上的共振，这是我爱买鞋之后发现的事情。

吴声：其实你更加偏向后一种，但我还是想回到前面那种。你认为优衣库是科学品牌吗？

李翔：现在的优衣库也在努力地科学化。从优衣库的实际表现来看，它已经克服了许多品牌克服不了的问题。举个例子，很多品牌都解决不了线上线下销售的统一性，包括怎么去划分业绩等等问题，但优衣库都解决得非常好。即使你在门店，它还鼓励你线上下单，大部分的品牌完全做不到这一点。我相信它在组织上已经做了很多工作。

吴声：从这个意义上说，科学品牌的诞生是无论历史、无论过去的。

吴伯凡：优衣库还真是很有代表性。为什么？因为成熟的消费社会，会越来越趋于"消费的本分"，你很少能看到炫耀性奢侈。你奢侈，就意味着你"弱智"。

吴声：暗示了身份。

吴伯凡：对，你不奢侈还好，一奢侈就表明你还停留在消费的初级阶段。你没钱的时候，有没有文化别人不知道；一旦有了钱，你就暴露了。这种现象在消费观念成熟、生活品质比较高的社会里，是比较少见的。所以，成熟的消费社会可以总结为"低价不掉价，奢侈不弱智"，就这 10 个字。就像王菲的《红豆》唱的："等到风景都看透，也许你会陪我看细水长流"，科学品牌就是这一类的品牌。

吴声：红尘繁华之后，必然是细水长流。最后我想请两位老师，就今天讨论的科学品牌的建设法则，和科学品牌的下一步，给出一些重要的关键词。李翔老师先开始。

李翔：不能只把“科学”理解为营销方式更高效或更便捷，它对产品本身也提出了科学的要求。

吴伯凡：“不科学”在我们日常的表达中，实际上说的是不合理。如果说科学品牌是一种更合理的品牌，表现为去随机性、理智性，实际上它是一种经营的结果，代表一种技术上的可能，直指人心。

吴声：感谢两位老师。其实今天我们对于科学品牌，思考更多的是伦理层面、价值观层面的事。我们希望能够帮助创业者理解数字时代品牌的生产建设方式，我们没有过多拘泥于“术”，而是去理解在新的用户进化时代、新的数据资本时代，如何去看待自上而下和自下而上的区别，看待认知共同体和“自由人的自由联合”的可能性，乃至于刚才提到的理性营销、组织决策的数据化等等。

在一系列变化过程中，科学品牌是否会涌现？我们讨论的最终结果是，它可能不再叫作“品牌”，而是一种声誉，一种“气味”，一种新的演化方式和存在形态。但无论如何，今天的品牌的确已经告别了我们熟悉的制造法则。用伯凡老师刚才的话讲，就是我们正在进入一个“操之在我”的时代，但这是因为我们在“部落”内，因为对于数据本身的运用。也许每个人都能够找到自己的自由联合，去建立属于自己的一种“气味品牌”，一种“声誉品牌”。这个时代到底是已经到来了，还是说仍是个“伪命题”？要回答这个问题，还有待于更多的研究者、创始人一起来参与，一起来创造。

> 禅宗的主张：
> “不立文字，直指人心。”

内容整理：杜颖、高浩原

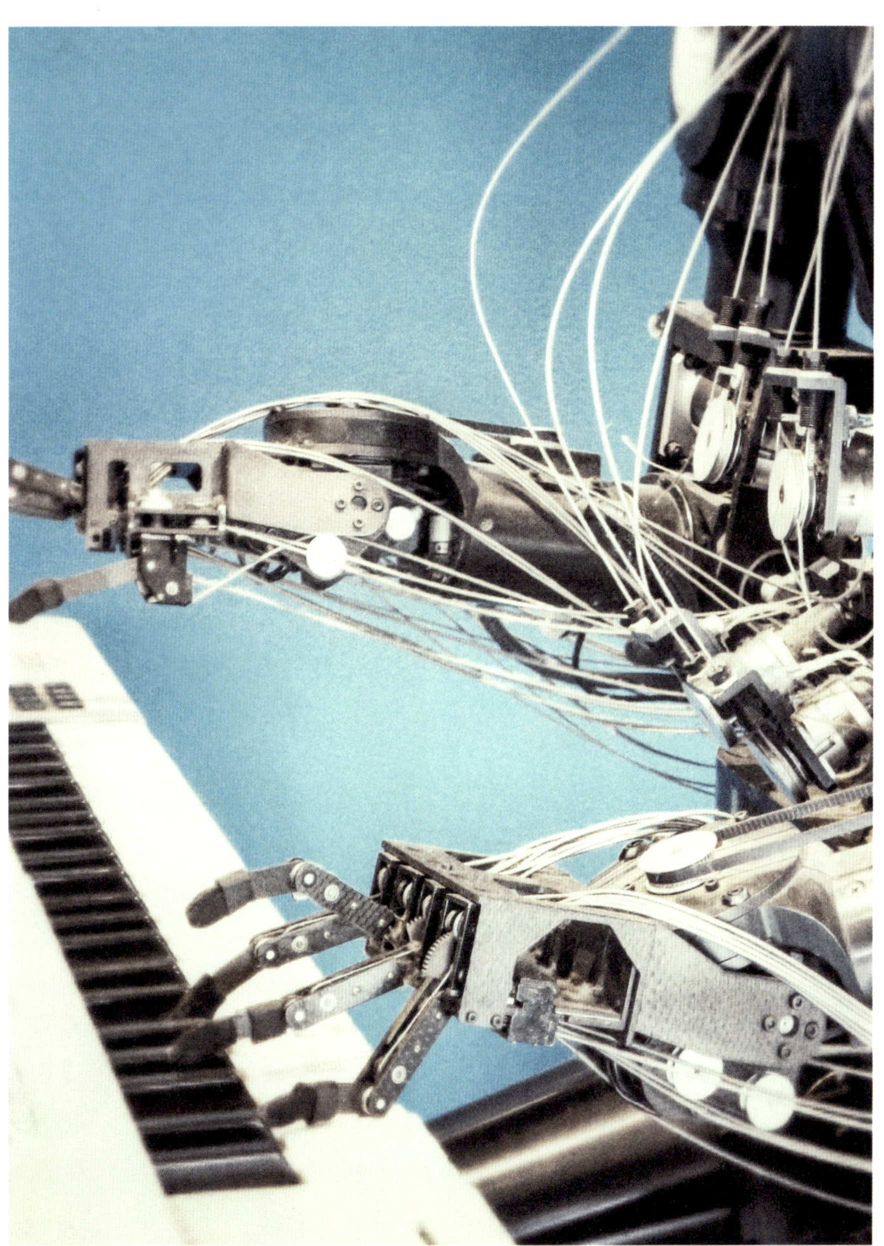

科学品牌

LAUNCH Booklist

我们所讨论的“科学”指向最高的逻辑标准、实证精神和道德准则，以及对技术和未来的拥抱。关于科学品牌，仍有更多思考空间和可能性。

《模型思维》

抛弃直觉，用模型化思维科学地思考。

02

《事实》

以数据为依据，摆脱非理性带来的困扰和焦虑。

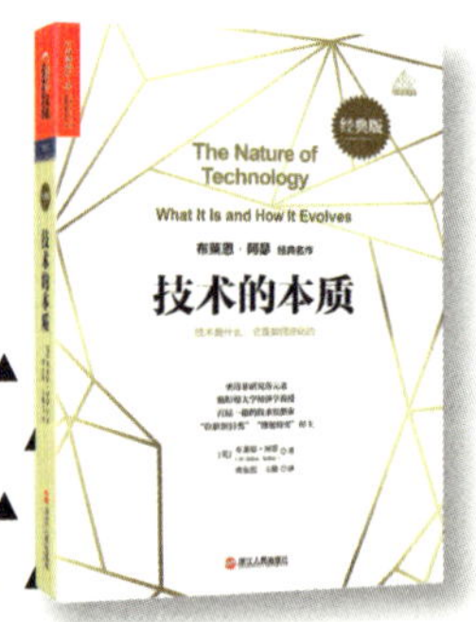

《技术的本质》

一套关于技术产生和进化的系统性理论，是打开“技术黑箱”的钥匙。

《科学的意义》

我们是否真的能通过科学认识这个世界？

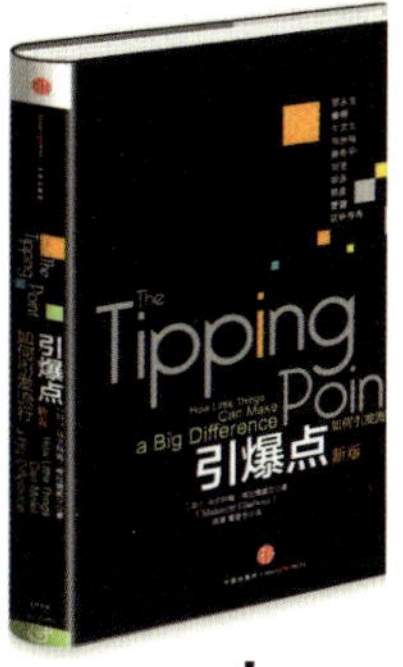

《引爆点：如何引发流行》

构建关于"流行"的科学，从全新角度探索了控制学和营销理论。

06

《设计心理学》

重新理解设计的每个环节，探讨什么是产品设计应有的立场。

07

《小众经济：选择性消费时代的增长对策》

针对不同选择的消费者群体，如何制定不同的品牌经营策略。

08

《超级连接：用户驱动的零售新增长》

聚焦用户触达和运营方式的数字化，以帮助零售品牌找到新的增长路径。

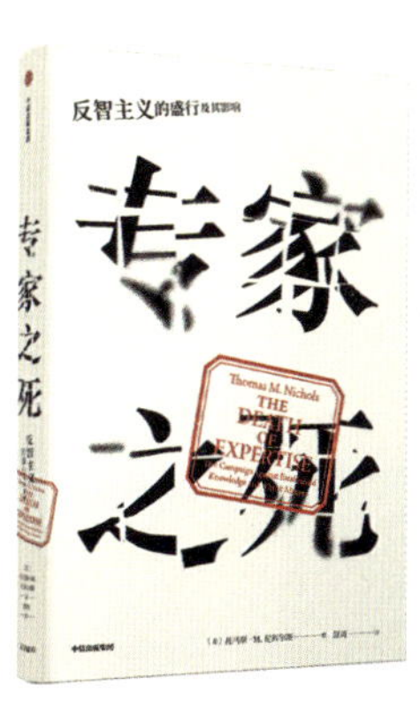

《专家之死：反智主义的盛行及其影响》

透过反智主义，审视理性思考的意义。

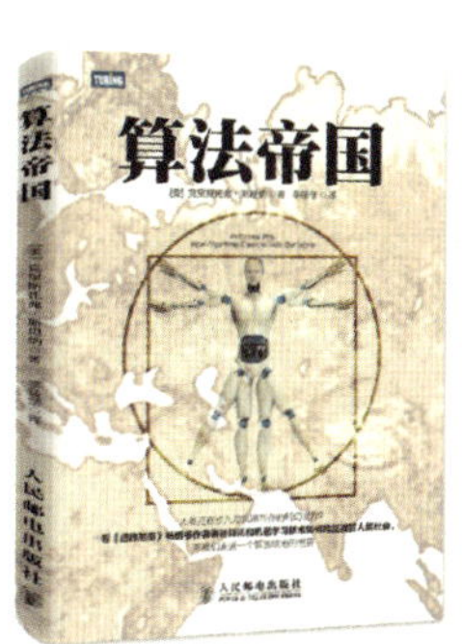

10

《算法帝国》

书名直译为"算法如何统治我们的世界"。控制还是被控制？算法已经超出了其创造者的预期。

小米创办于 2010年4月6日，即将迎来10周年生日。

小米10

小米十年「梦幻之作」

HUAWEI Mate Xs

€ 2499

8GB+512GB

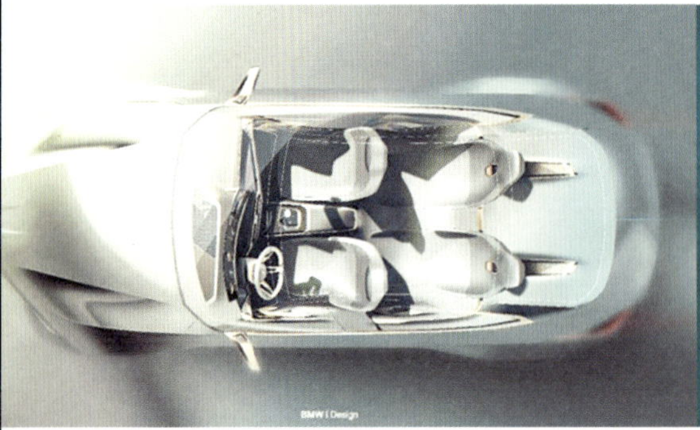

Visit Huawei Official Website for Price and A

BMW i Design

quattro
reborn

Online world premiere | March 3, 9:50 am

Audi A3 Sportback and Audi e-tron S prototype

Learn more

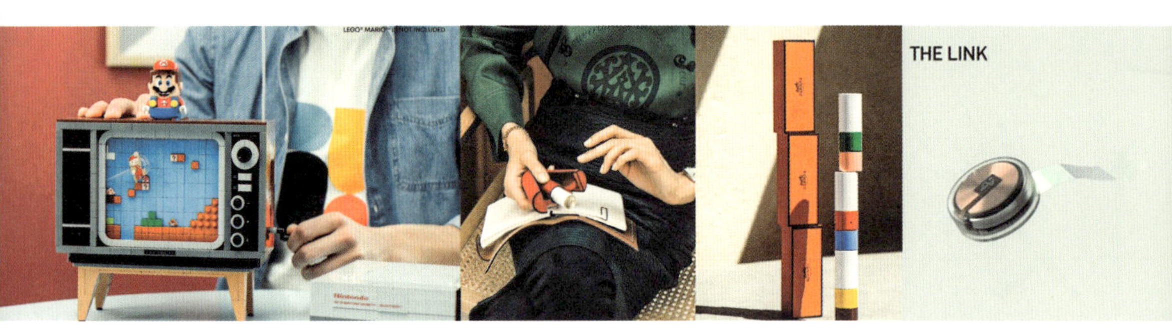

首发日历

对我们所有人来说，2020 都注定是一个特殊的年份。新年伊始，人类仿佛闯入“黑天鹅湖”，人类社会经历挑战，商业世界“不得不”加速变革。随着社会重启和防疫常态化，数字化转型与线上生存成为必修课，居家办公、线上发布会、供应链直播等新模式，从不得已而为之的选择成为效率革命的进步，年轻的数字商业快速扎根于一切。

同时，科技发展节点的悄然而至让人欣慰。以 2020 消费电子展（CES）为起始，无人驾驶、“星链计划”、脑机接口……各种足以颠覆以往技术的产品纷纷涌现。新的感知、新的交互的发展从未如此突飞猛进，生活方式变革的共鸣清晰可闻。为此，我们在本期结尾特别企划了“首发日历”，回溯过去一年的时间里，商业世界发生了哪些真实的变化。希望这些新产品、新模式的铺陈，能带给你关于未来的启发。

图片来源：网络公开图片

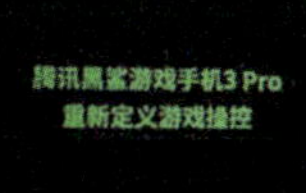

2020—01

January

1. 索尼发布纯电概念车

时间：2020 年 1 月 7 日
地点：2020 消费电子展（CES）
产品：Vision-S 电动汽车

点评：索尼的壁垒技术在车联场景解决方案上的集中展示。Vision-S 在告诉大家，未来当汽车足够安全时，汽车就有希望变成全新的娱乐空间。

2. “中国天眼”球面射电望远镜正式运行

时间：2020 年 1 月 11 日
地点：中国贵州
产品：“中国天眼”500 米口径球面射电望远镜

3. 微信正式宣布视频号开启内测

时间：2020 年 1 月 22 日
地点：线上
产品：微信视频号

点评：天然占据流量优势的微信视频号不是“朋友圈 2.0”，而是用微信内生态关键一环的补齐，释放微信商业化加速的新信号。

2020—02

February

4. 路易威登首家餐厅开业

时间：2020 年 2 月 1 日
地点：日本大阪
产品：Le Café V 大阪餐厅

5. 耐克 2020 年度峰会

时间：2020 年 2 月 6 日
地点：美国纽约
产品：耐克 Space Hippie 环保产品

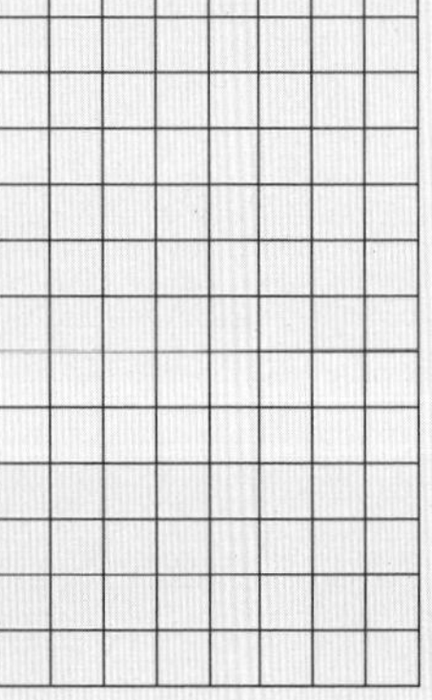

6. “小米 10”新品直播发布会

时间：2020 年 2 月 13 日
地点：线上
产品：“小米 10”系列手机，小米 Wi-Fi 6 路由器 AX3600，小米无线充蓝牙音箱，黑鲨双翼游戏手柄等

7. 中石化易捷上线买菜业务

时间：2020 年 2 月 15 日
地点：中国
产品：中石化“易捷加油”APP 推出买菜业务

点评：疫情期间，易捷加油不仅通过 APP 实现“线上下单，一键加油”，还推出无接触生鲜零售的“线上下单，一键到车”服务。加油站也开始进入竞争激烈的本地生活服务赛道。

8. 华为终端产品与战略线上发布会

时间：2020 年 2 月 24 日
地点：西班牙巴塞罗那
产品：华为 Mate Xs，华为 MatePad Pro 5G，华为 MateBook X Pro 2020 款，华为 MateBook D Series，Wi-Fi 6+ 智能路由器 AX3，“1+8+N”全场景智慧化战略

9.realme 真我 X50 Pro 5G 全球发布会

时间：2020 年 2 月 24 日
地点：西班牙马德里
产品：realme 真我 X50 Pro 5G，“全面 5G”和“AIoT”发展战略

10. 梅森·马吉拉 2020 秋冬 Recicla 新概念系列

时间：2020 年 2 月 26 日
地点：法国巴黎
产品：Recicla 新概念系列，“Recicla”是“Replica”和“Recycle”的结合，意为重用再造

11. 日本罗森首家无人零售便利店开业

时间：2020 年 2 月 26 日
地点：日本
产品：罗森无人零售便利店

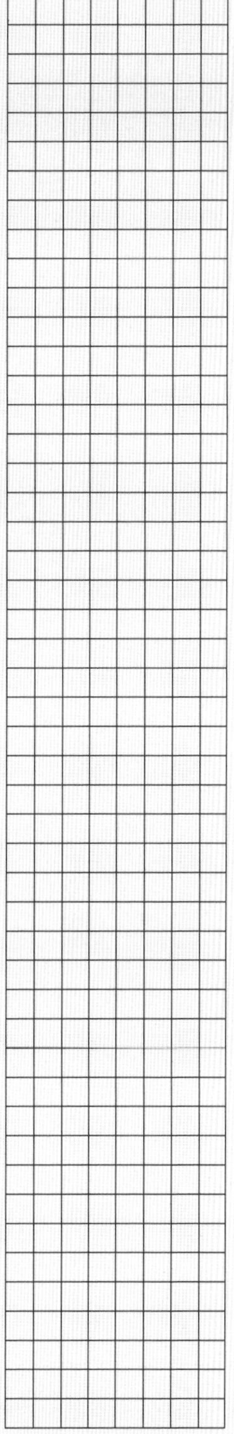

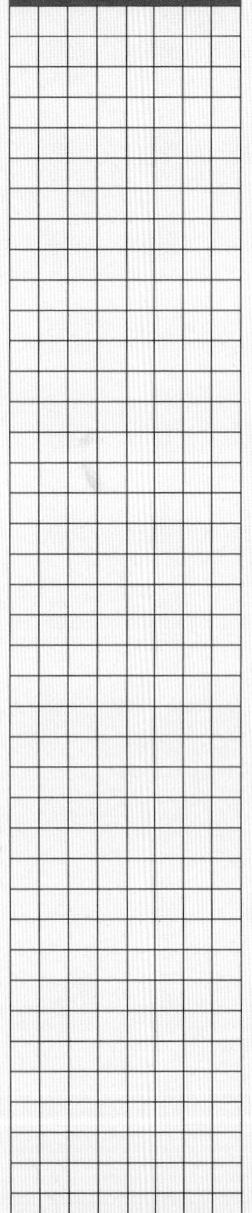

12. 奥迪 A3 Sportback 以及奥迪 e-tron 家族全新成员全球直播首秀

时间：2020 年 3 月 3 日
地点：瑞士日内瓦
产品：全新奥迪 A3 Sportback，奥迪 e-tron S，奥迪 e-tron S Sportback

点评：电动化和车联网，早已不是新鲜事。让人激动的是，奥迪所代表的传统豪华车企的鲜明态度，进一步证明了“数字化的车”在一步步变成现实。

13. 柯尼塞格 Gemera 超级跑车发布会

时间：2020 年 3 月 3 日
地点：线上
产品：柯尼塞格 Gemera（世界上首款 Mega-GT 车型）

14. 保时捷 911 全新旗舰车型全球首发直播

时间：2020 年 3 月 3 日
地点：线上
产品：保时捷 911 Turbo S

15. 迈凯伦新世代产品 765LT 发布会

时间：2020 年 3 月 3 日
地点：迈凯伦公司总部
产品：迈凯伦 765LT

16. 腾讯“黑鲨游戏手机 3”发布会

时间：2020 年 3 月 3 日
地点：线上
产品：“黑鲨游戏手机 3”

点评：游戏厂商与手机厂商的“强强联手”，“以软件定义硬件”的代表产品。

17. 爱马仕首个彩妆系列 Rouge Hermès 发售

时间：2020 年 3 月 4 日
地点：全球 35 个国家的部分专卖店
产品：Rouge Hermès 彩妆系列

18. 一汽奔腾 T77 PRO 上市发布会

时间：2020 年 3 月 7 日
地点：线上
产品：奔腾 T77 PRO 系列，新增智能网联 8 大功能

19. 迪奥推出播客节目 Dior Talks

时间：2020 年 3 月 8 日
地点：Instagram（照片墙）
产品：Dior Talks
点评：节目内容与迪奥倡导的女性独立精神一脉相承，奢侈品牌自制播客内容已经成为一种趋势。

20. 乐高与任天堂发布联名企划系列

时间：2020 年 3 月 10 日
地点：线上
产品：乐高 Super Mario 系列

21. vivo NEX 3S 5G 新品发布会

时间：2020 年 3 月 10 日
地点：线上
产品：vivo NEX 3S 5G

22. 阿迪达斯发布 GMR 科技鞋垫

时间：2020 年 3 月 11 日
地点：线上
产品：阿迪达斯 GMR 鞋垫

23. 戴森发布 Dyson Corrale ™美发直发器

时间：2020 年 3 月 11 日
地点：戴森官网
产品：Dyson Corrale ™美发直发器

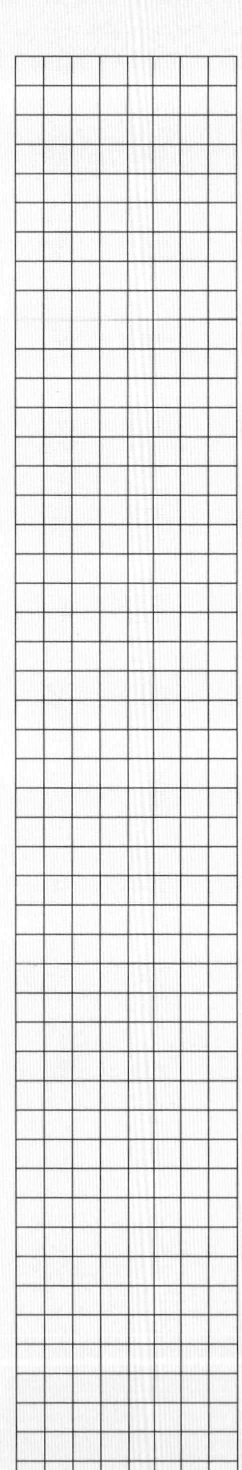

24. 红魔 5G 游戏手机新品发布会

时间：2020 年 3 月 12 日
地点：线上
产品：红魔 5G 游戏手机

25. 红米 Note9 系列新品发布会

时间：2020 年 3 月 12 日
地点：印度
产品：红米 Note9 系列

26. 海信 AWE 2020 线上发布会

时间：2020 年 3 月 12 日
地点：线上
产品：屏幕发声激光电视，卷曲屏激光电视等

27. 爱彼迎发布“怪奇”旅店投资计划

时间：2020 年 3 月 12 日
地点：线上
产品：“怪奇”旅店投资计划将评选全球 10 家最“怪异”旅馆，入选旅馆将可获得总计 100 万美元资金

28.《集合啦!动物森友会》发售

时间：2020 年 3 月 20 日
地点：线上
产品：Switch 游戏《集合啦!动物森友会》
点评：治愈和真实的游戏体验，与现实同步的游戏时间，给玩家带来一场艰难时刻的“逃离”。

29. 华为 P40 系列发布会

时间：2020 年 3 月 26 日
地点：法国巴黎
产品：华为 P40，华为 P40Pro，华为 P40Pro+

30.Art Saves Us（艺术拯救我们）全球线上公演系列活动

时间：2020 年 4 月 3 日起
地点：线上
产品：Zoom 线上交响音乐会

点评："线上空间"也会有真实的情感连接与感同身受。

31.UNIQLO PARK（优衣库主题公园）正式开幕

时间：2020 年 4 月 13 日
地点：日本横滨
产品：UNIQLO PARK"既是公园也是店铺"

32. 小鹏 P7 发布会

时间：2020 年 4 月 27 日
地点：线上
产品：小鹏 P7

33. 微软 Xbox Series X 线上发布会

时间：2020 年 5 月 7 日
地点：线上
产品：Xbox Series X

34.vivo 首款政企 5G 商务办公手机 G1 发布

时间：2020 年 5 月 7 日
地点：线上
产品：G 系列首发产品 vivo G1

35. 三星联合 SK 电讯推出 5G 量子手机

时间：2020 年 5 月 14 日
地点：韩国
产品：全球首款 5G 量子手机 Galaxy A Quantum

2020—04
April

2020—05
May

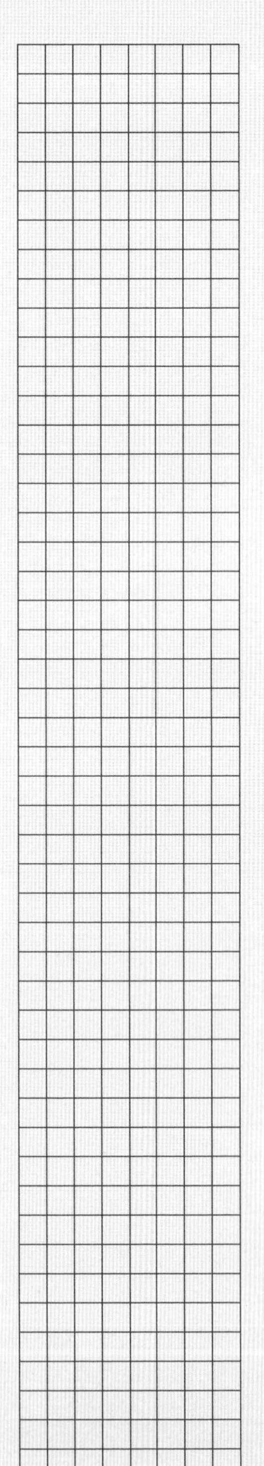

36.“真 · 撼于心”三星 2020 年 QLED 8K 电视新品线上发布会

时间：2020 年 5 月 16 日
地点：线上
产品：QLED 8K 电视 Q950TS，QLED 4K 电视 Q80T，晶彩 UHD 系列电视 TU8000，Lifestyle 系列电视等

37. 喜茶联合星期零（STARFIELD）推出人造肉汉堡

时间：2020 年 5 月 18 日
地点：喜茶门店
产品：“喜茶 × 星期零”人造肉汉堡“未来肉芝士堡”

点评：人造肉掀起的“餐桌革命”，变成各类食品公司争先表态的 CSR（企业社会责任）承诺。

38.999 小儿感冒药推出眼影盘

时间：2020 年 5 月 20 日
地点：线上
产品：999 小儿感冒药“小九致爱”系列眼影盘

39. 荣耀 X10 5G 手机发布

时间：2020 年 5 月 20 日
地点：线上
产品：荣耀“X 系列”首款 5G 机型荣耀 X10

40.SpaceX（太空探索技术公司）载人“龙”飞船发射成功

时间：2020 年 5 月 30 日（美国时间）
地点：美国佛罗里达州肯尼迪航天中心
产品：SpaceX（太空探索技术公司）载人“龙”飞船（人类历史上首次商业载人宇航飞行任务）

41.ACE HOTEL 进军亚洲

时间：2020 年 6 月 11 日
地点：日本京都
产品：Ace Hotel Kyoto

42. 索尼 Play Station 5 线上发布会

时间：2020 年 6 月 12 日
地点：线上
产品：Play Station 5

43.Gucci（古驰）推出首个可持续系列

时间：2020 年 6 月 16 日
地点：线上
产品：Gucci Off The Grid 可持续系列

点评：使用海洋废弃塑料作为材料的生产方式已经在时尚产业得到越来越广泛和成熟的应用，Gucci 此次产品的特别之处在于对理念更完整的表达：从专属包装、环保主题的全球广告形象大片，到产品卡片上的可持续发展项目介绍，甚至包括全新的 Gucci 艺术墙，共同传递出了品牌的某种决心。

44. 东方航空推出“周末随心飞”

时间：2020 年 6 月 18 日
地点：线上
产品：东方航空“周末随心飞”

点评：疫情后运力过剩激发的创新产品，引发各大航空公司纷纷效仿。但在催生出更多旅游需求的同时，产品的核心逻辑不应只停留在“飞”，仍有更大的生长空间。

45. 鲍勃·迪伦发布新专辑

时间：2020 年 6 月 19 日
地点：线上
产品：《崎岖吵闹的道路》（*Rough and Rowdy Ways*）

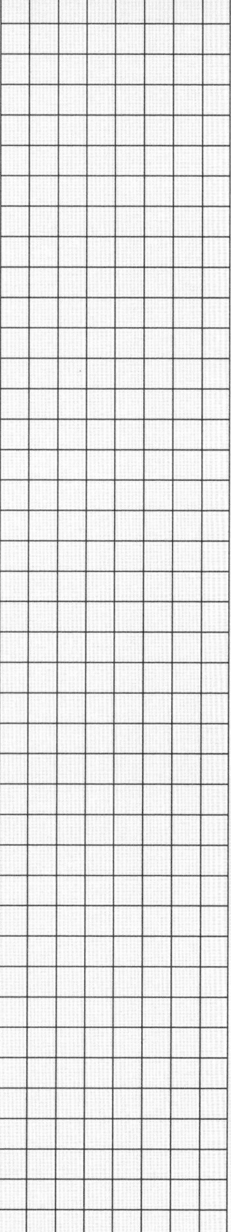

2020—06

June

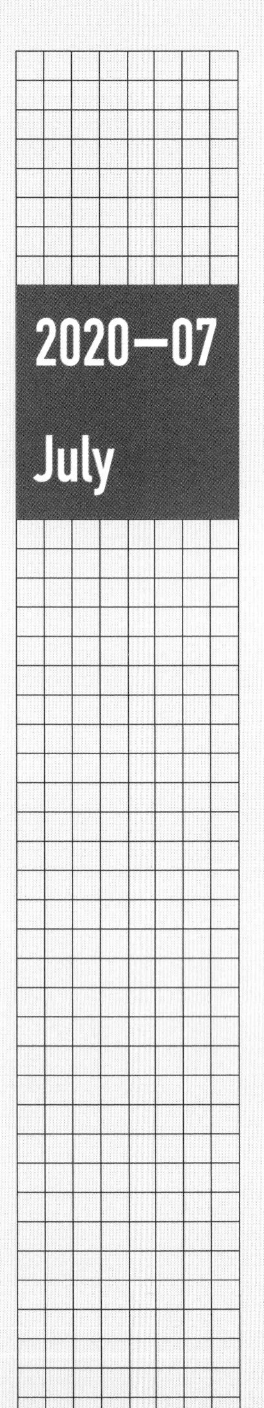

46. 滴滴出行首次面向公众开放自动驾驶测试

时间：2020 年 6 月 27 日
地点：上海
产品：首次面向公众开放自动驾驶测试

47. 椰岛游戏《江南百景图》上线

时间：2020 年 7 月 2 日
地点：线上
产品：古风模拟经营类手游《江南百景图》

48. 耐克全球首家 Nike Rise 概念店落地中国

时间：2020 年 7 月 9 日
地点：广州
产品：耐克广州概念店

49. 哔哩哔哩夏日毕业歌会

时间：2020 年 7 月 11 日
地点：哔哩哔哩直播
产品：哔哩哔哩夏日毕业歌会

50.OPPO 新一代超级闪充发布会

时间：2020 年 7 月 15 日
地点：线上
产品：125W 超级闪充技术，65W AirVOOC 无线闪充技术，50W 超闪饼干充电器，110Wmini 适配器

51. 中国首个火星探测器“天问一号”发射成功

时间：2020 年 7 月 23 日
地点：中国文昌航天发射场
产品：“天问一号”火星探测器

52. 宜家中国首家城市店 IKEA City Shanghai 开业

时间：2020 年 7 月 23 日
地点：上海
产品：宜家上海静安寺城市店

点评：宜家城市店极大区别于市郊的仓储式卖场，在市中心的空间限制下，通过减少品类和简化流程实现更便捷的购物体验，“让用户多来逛逛”是其最主要的考量。

53. 五菱宏光 MINI EV 上市发布会

时间：2020 年 7 月 24 日
地点：成都
产品：宏光 MINI EV

54. 特斯拉与和平精英开启跨界联动

时间：2020 年 7 月 24 日
地点：线上
产品：特斯拉虚拟车辆体验店，特斯拉超级充电站，特斯拉同款载具皮肤

55. 日本杂货品牌 LoFt 落地上海

时间：2020 年 7 月 24 日
地点：上海
产品：国内首家 LoFt 实体店

点评：通过与中国品牌的合作、对中国原创设计的发掘，建立了实体店本土化改造的方法路径，期待该店从“网红”变为“长红”。

56.NASA（美国国家航空航天局）“毅力号”火星探测器发射

时间：2020 年 7 月 30 日
地点：美国佛罗里达州
产品：NASA“毅力号”火星探测器

57.Burberry（博柏利）与腾讯合作“社交零售”空间

时间：2020 年 7 月 31 日
地点：深圳
产品：社交零售精品店“Burberry 空·间”

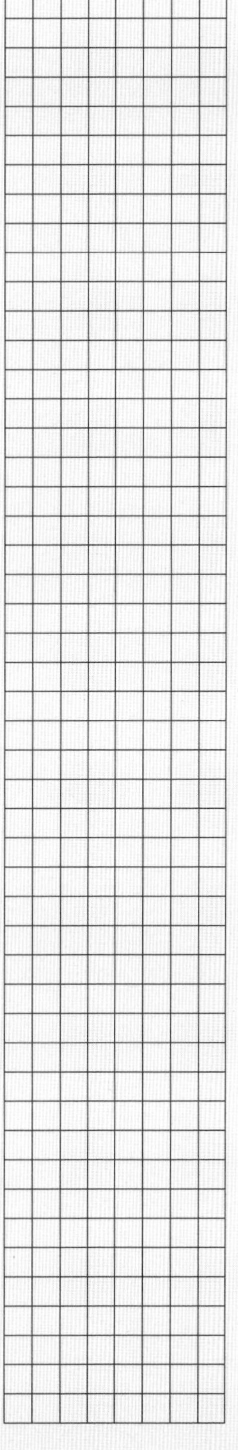

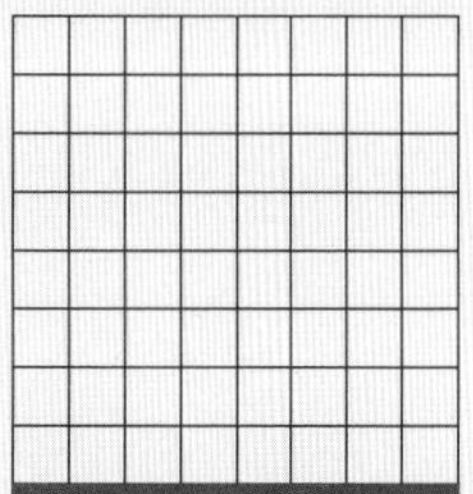

2020—08

August

58. 北斗三号全球卫星导航系统建成暨开通仪式

时间：2020 年 7 月 31 日
地点：中国
产品：北斗三号全球卫星导航系统

59. 恒大汽车“恒驰”系列发布会

时间：2020 年 8 月 3 日
地点：上海、广州
产品：恒驰 1 ～ 6

60.NEIWAI 内外发布国内首款科技型生理裤

时间：2020 年 8 月 3 日
地点：线上
产品：PANTIE PRO“非常裤”

61. 三星旗舰新品线上发布会

时间：2020 年 8 月 6 日
地点：线上
产品：Galaxy Note20，Galaxy Z Fold2，Galaxy Tab S7，Galaxy Buds Live，Galaxy Watch3

62. 路易威登 2021 男装系列春夏大秀

时间：2020 年 8 月 6 日
地点：上海
产品：路易威登 2021 春夏男装系列

63. 小米十周年雷军公开演讲

时间：2020 年 8 月 11 日
地点：线上
产品：“小米 10”至尊版，K30 至尊版，小米透明电视，九号卡丁车 Pro 兰博基尼汽车定制版
点评：以小米的故事作为标尺，移动互联网已经进入被复盘的时间窗口。

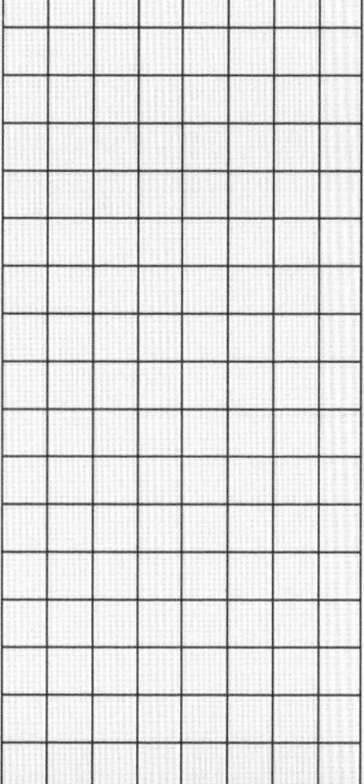

2020—09

September

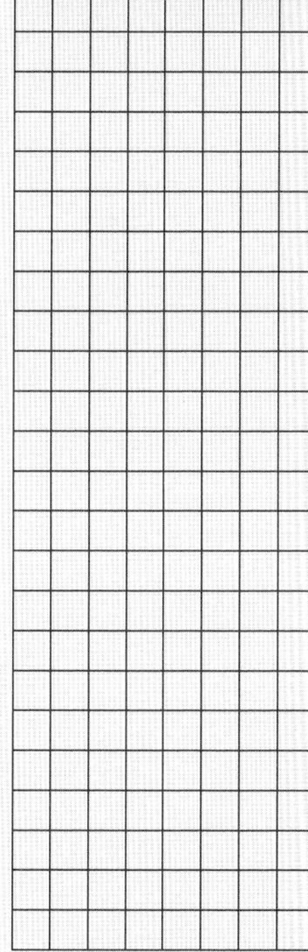

64. 哔哩哔哩实体书店开业

时间：2020 年 8 月 23 日
地点：上海
产品：哔哩哔哩“但是还有书籍”实体书店

65.Neuralink 发布脑机交互设备最新动态

时间：2020 年 8 月 29 日
地点：美国
产品：新一代 Neuralink 脑机交互设备

66. 英特尔 11 代酷睿处理器发布会

时间：2020 年 9 月 3 日
地点：美国
产品：第 11 代酷睿处理器 Tiger Lake（虎湖）

67. 吉普牧马人 4xe 全球发布会

时间：2020 年 9 月 4 日
地点：线上
产品：牧马人 4xe，Sahara 4xe，概念车型 Rubicon 4xe

68. 国产新冠疫苗亮相中国国际服务贸易交易会

时间：2020 年 9 月 5 日
地点：2020 年中国国际服务贸易交易会
产品：国产新冠疫苗

69. 谷歌发布 Android 11 正式版

时间：2020 年 9 月 9 日
地点：线上
产品：Android 11 正式版

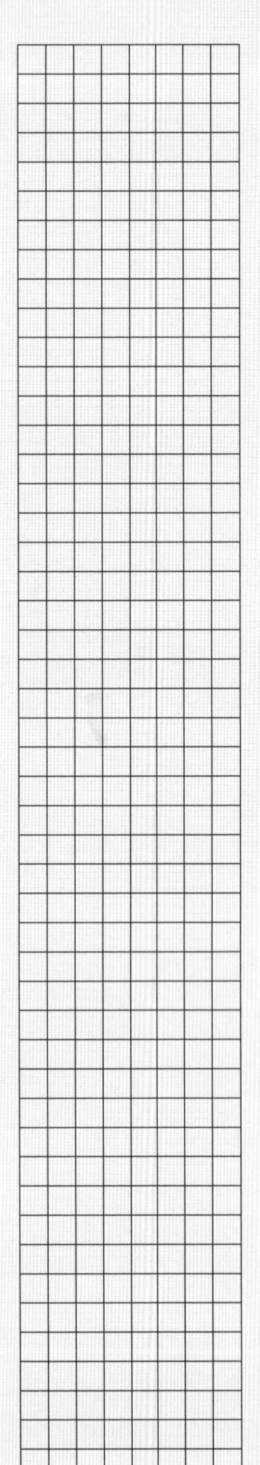

70. 摩托罗拉新品发布会

时间：2020 年 9 月 10 日
地点：线上
产品：摩托罗拉 Razr 刀锋 5G 折叠手机

71. 华为开发者大会 2020

时间：2020 年 9 月 10 日
地点：东莞
产品：HMS Core 5.0，EMUI 11，鸿蒙 OS2.0 系统

72. 藤原浩主理 THE CONVENI“便利店”首次进入中国

时间：2020 年 9 月 13 日
地点：北京
产品：THE CONVENI BEIJING 限时店

73. 百度联手央视新闻直播“万物智能——百度世界 2020”大会

时间：2020 年 9 月 15 日
地点：线上
产品：Apollo“5G 云代驾”，“百度大脑 6.0”等
点评：首次线上举办的百度世界大会，用一场高配置、强技术的真直播，充分展现百度 AI 的应用成果。

74. 长征十一号运载火箭海上发射

时间：2020 年 9 月 15 日
地点：黄海海域
产品：长征十一号运载火箭实现首次海上商业应用发射

75.2020 苹果秋季新品发布会

时间：2020 年 9 月 16 日
地点：线上
产品：Apple Watch Series 6，Apple Watch SE，第 8 代 iPad，2020 款 iPad Air

76. 阿里巴巴犀牛智造工厂正式亮相

时间：2020 年 9 月 16 日
地点：杭州
产品：犀牛智造工厂

77. 苹果推送 iOS 14 正式版上线

时间：2020 年 9 月 17 日
地点：线上
产品：iOS 14 正式版

点评：iOS 14 对用户隐私的极端保护设置，意味着苹果公司终于将个人数据的决定权交回用户的手中，是用户隐私权的一次胜利，也是对许多软件公司和商业模式的宣战，将带来一场重大变革。

78. 特斯拉“电池日”

时间：2020 年 9 月 22 日
地点：线上
产品：第三代电池 4680 电芯，特斯拉 Model S Plaid 等

点评：特斯拉的野心并不停留在电池的制造上，而是要重塑新能源系统的秩序。

79. 中国邮政发行中国首枚 NFC 芯片邮票

时间：2020 年 9 月 26 日
地点：中国
产品：搭载了 NFC 芯片的“第 40 届全国最佳邮票评选纪念”邮票纪念张

80. 小鹏汽车发布首款飞行汽车

时间：2020 年 9 月 26 日
地点：北京
产品：超低空飞行汽车旅航者 T1

81. 福特发布全球首款纯电 SUV Mustang Mach-E

时间：2020 年 9 月 26 日
地点：北京
产品：Mustang Mach-E

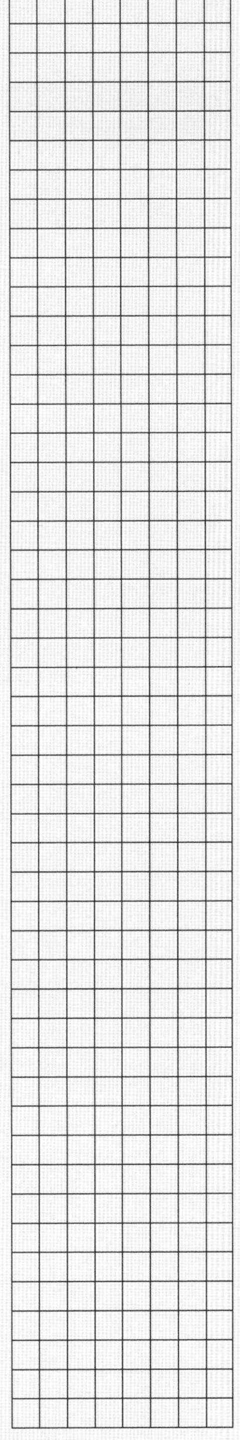

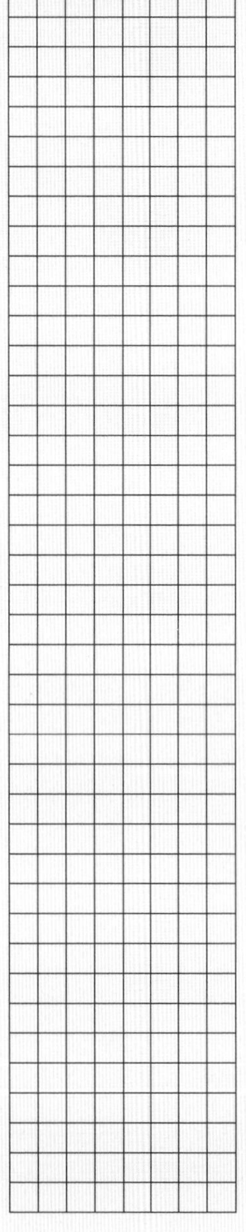

82. 首家“盒马 X 会员店”开业

时间：2020 年 10 月 1 日
地点：上海
产品：“盒马 X 会员”仓储式会员店

点评：新零售领域的首个会员店，真正实现线上线下一体化的用户体验，也是全球仓储式会员制赛道里的首个“中国选手”。

83. 星巴克出版首本限量款杂志

时间：2020 年 10 月 12 日
地点：星巴克门店
产品：星巴克《豆子的故事》杂志

84. 大疆行业应用发布全新无人机负载

时间：2020 年 10 月 14 日
地点：德国柏林
产品：DJI L1 激光可见光融合负载，DJI P1 全画幅航测云台相机

85.iPhone 12 系列发布会

时间：2020 年 10 月 14 日
地点：线上
产品：iPhone 12 Mini，iPhone 12，iPhone 12 Pro，iPhone 12 Pro Max 等

点评：充电配件的独立售卖不是偶然，以往消失在苹果手机套餐里的配件，最终都成为独立的品类。

86. 一加 OnePlus 8T 系列发布会

时间：2020 年 10 月 15 日
地点：北京
产品：OnePlus 8 Pro，OnePlus 8，一加云耳 Z 耳机等

87. 腾讯第一款自研 Roguelike[①]游戏上线

时间：2020 年 10 月 16 日
地点：线上
产品：Roguelike 游戏《不思议的皇冠》

88. 茑屋书店中国首店开业

时间：2020 年 10 月 18 日
地点：杭州
产品：杭州天目里茑屋书店
点评：茑屋书店是书店进化的典型案例。天目里店是明星设计师的集合作品，“江南布衣集团开发”“伦佐·皮亚诺中国首个建筑作品”的标签自带话题性，延续了日本茑屋的生活美学提案设计，期待有更多本地化的表达。

89.OPPO“智美生活”发布会

时间： 2020 年 10 月 19 日
地点：上海
产品：OPPO 电视，Enco X，OPPO Watch 等

90. 坚果手机新品发布会

时间：2020 年 10 月 20 日
地点：北京
产品：坚果 R2 手机，Smartisan TNT 等

91. 华为 Mate40 系列发布会

时间：2020 年 10 月 22 日
地点：线上
产品：华为 Mate40，华为 Mate40 Pro，华为 Mate40 Pro+，华为 Mate40 RS 等

92.ThinkPad 发布全球首款折叠屏笔记本电脑

时间：2020 年 10 月 22 日
地点：线上
产品：ThinkPad X1 Fold

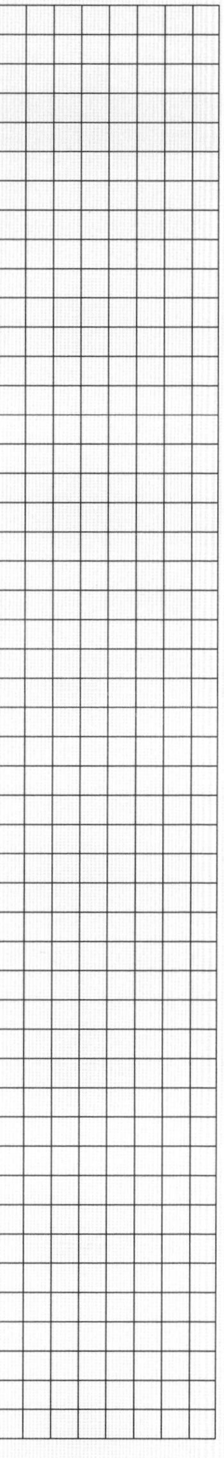

①Roguelike 是角色扮演游戏（RPG）的一个子类，具有随机性、单向性等特征。

2020—11

November

93. 优衣库发售首款 100% 回收材料制作的羽绒夹克

时间：2020 年 11 月 2 日
地点：优衣库官网、全球实体店铺
产品：优衣库利用 100% 回收材料制作的羽绒夹克，共 4 种颜色

94. 字节跳动推出小荷医疗独立品牌

时间：2020 年 11 月 2 日
地点：线上
产品：小荷 APP、小荷医生 APP

95. 哔哩哔哩首发“十大年轻人喜爱的中国产品”榜单

时间：2020 年 11 月 8 日
地点：哔哩哔哩直播间
产品：“十大年轻人喜爱的中国产品”榜单

点评：哔哩哔哩作为“新主流文化策源地”，对年轻人的文化和需求持续探索。打破来自金字塔顶的商业标准，通过自由共创呈现当代年轻人的真实选择。

96. 苹果发布自研芯片笔记本电脑

时间：2020 年 11 月 11 日
地点：线上
产品：3 款搭载基于 Arm 的 Mac 自研芯片 M1 的 Mac 新品：MacBook Air 13 英寸，Mac mini，MacBook Pro 13 英寸

97. 哈雷首款电动自行车开启预售

时间：2020 年 11 月 16 日
地点 : 美国
产品：哈雷戴维森 Serial 1 e-Bike

98. 索尼上线“空间现实显示”（SR Display）产品

时间：2020 年 11 月
地点：索尼线上商城
产品：采用人眼感应光场显示技术制成的显示器

99.2020 高通骁龙技术峰会

时间：2020 年 12 月 1 日
地点：线上
产品：高通骁龙 888 5G 移动平台

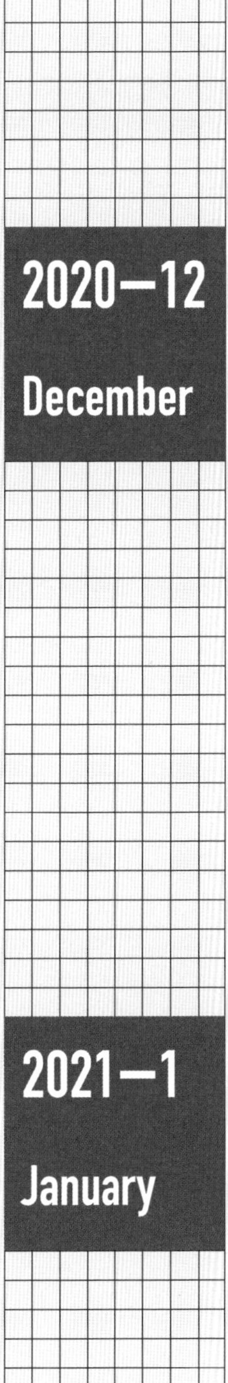

100. 华为鸿蒙操作系统 2.0 手机开发者测试版发布

时间：2020 年 12 月 16 日
地点：线上
产品：华为鸿蒙操作系统 2.0 手机开发者测试版

点评：被誉为承接下一个物联网时代的软件系统，让人期待 5G 之下“鸿蒙生态”的建设。

101.2020“小米 11”新品发布会

时间：2020 年 12 月 28 日
地点：北京
产品：“小米 11”

102. 德克士将在中国销售植物蛋产品

时间：2021 年 1 月 6 日
地点：德克士中国门店
产品：德克士 Eat Just（皆食得）植物蛋产品

103. 蔚来 2021 NIO day

时间：2021 年 1 月 9 日
地点：成都
产品：纯电动轿车 ET7，150kWh 固态电池，第二代换电站

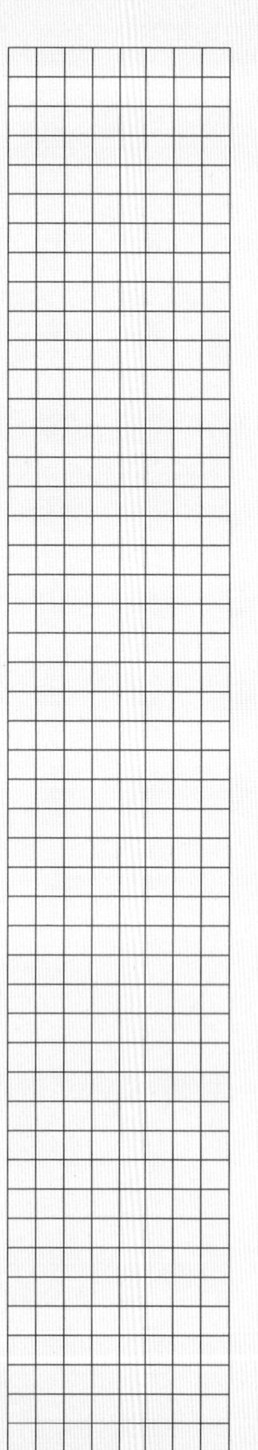

104. 英特尔宣布推出 4 款新处理器系列

时间：2021 年 1 月 12 日
地点：2021 消费电子展（CES），拉斯维加斯
产品：第 11 代英特尔 Core vPro 平台和英特尔 Evo vPro 平台，N 系列 10 纳米英特尔 Pentium Silver 和英特尔 Celeron 处理器，第 11 代英特尔 Core H 系列处理器，第 11 代英特尔 Core S 系列桌面处理器（代号“Rocket Lake-S”），下一代处理器（代号“Alder Lake”）

105. 索尼进军无人机市场

时间：2021 年 1 月 12 日
地点：2021 消费电子展（CES），拉斯维加斯
产品：Airpeak 无人机产品

106. 快手小程序平台开启公测

时间：2021 年 1 月 12 日
地点：线上
产品：快手小程序

107. 通用汽车发布飞行版自动驾驶汽车

时间：2021 年 1 月 13 日
地点：2021 消费电子展（CES），拉斯维加斯
产品： VTOL 垂直起降飞行器

108.ROG 玩家国度 2021 新品发布会

时间：2021 年 1 月 13 日
地点：线上
产品：Steam 游戏 *ROG CITADEL XV*，ROG SWIFT PG259QNR 超梦 Pro 电竞显示器，月刃系列游戏鼠标、龙骑士 2 机械键盘等外设，Rog 冰刃 5 双屏旗舰级电竞本，13 英寸反转触控屏幕全能本幻 13，新一代幻 14、幻 15，Rog 枪神 5、枪神 5 Plus，Rog 魔霸 5、魔霸 5 Plus 等

109. 联发科“天玑”新品线上发布会

时间：2021 年 1 月 20 日
地点：线上
产品：天玑系列 5G 芯片天玑 1200、天玑 1100

110. 微伞小游戏开发的《合成大西瓜》爆火

时间：2021 年 1 月 21 日
地点：线上
产品：休闲小游戏《合成大西瓜》

111. 荣耀新品发布会

时间：2021 年 1 月 22 日
地点：深圳
产品：荣耀 V40，荣耀手表 GS Pro X Discovery 联名款，荣耀 MagicBook14/15，智能保温杯，智能牙刷，筋膜枪

112. 微信十周年重大更新：微信 8.0 正式版

时间：2021 年 1 月 25 日
地点：线上
产品：微信 8.0 正式版新增“我的状态”功能，表情包重绘及动态显示，下拉菜单和浮窗重新设计

113. 首部“贺岁电视剧”《假日暖洋洋》首播

时间：2021 年 1 月 25 日
地点：北京卫视、爱奇艺
产品：贺岁轻喜剧《假日暖洋洋》

114. 中国联通自有品牌 U-MAGIC 优畅享 5G 手机新品发布会

时间：2021 年 1 月 25 日
地点：线上
产品：优畅享 20 和优畅享 20 Plus

115. 首个情景式剧场晚会“答案奇遇夜”上线播出

时间：2021 年 1 月 29 日
地点：知乎、快手、爱奇艺等
产品：知乎“答案奇遇夜”

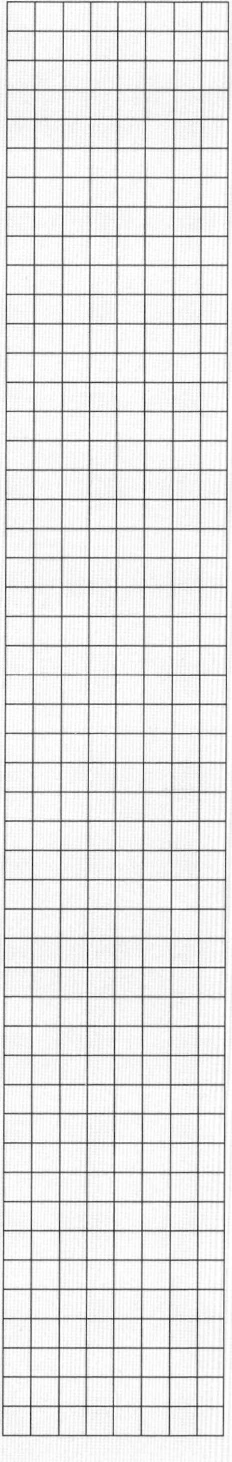

图片来源：https://unsplash.com

N E X T - U P

首发预告：美术馆时代

美术馆是收集、保存、展览和研究美术作品的机构，
但在数字时代的当下，伴随生活方式和美学需求的升级，以新视觉技术为代表，
文化艺术越来越多地融入日常空间和全品类商业范式。

策展式商业、艺术化日常、数字交互体验、设计驱动产品……艺术不再高居殿堂之上，
而是成为独立、流动、日常的表达；艺术以更加本地化的姿态融入社会生活，以数字化艺术装置
刷新与再造公共空间；艺术更是以内容逻辑形成全新体验提案，再造用户关系和商业逻辑。

“LAUNCH 首发”02 期，展开“美术馆时代”的新商业图景。

新观念，在商业与生活之间